NEW CROWN

♛ English

三省堂

英単語集 ①

SANSEIDO

はじめに

　この本は，三省堂中学校英語教科書NEW CROWN English Series に完全準拠した英単語集です。NEW CROWN で使われている単語・熟語，慣用表現などの意味を，教科書の例文とともに掲

マークの説明

□ → 新しく出てきた単語
◇ → すでに学習した単語の
　　　別の用法
○ → 小学校で学んだ単語
＊覚えた単語には✓印を入れましょう。

見出し語の書体

①ゴシック体の太字（例：look）
　→話して書けるようにする発信語い
②ゴシック体（例：flute）→読んだり聞いたりしたときに理解できる受容語い
③ローマン体で太字の斜字体（例：*after school*）
　→熟語や表現
④ローマン体（例：taco）→覚えておくと便利な語

◇ look	動	ごらん，ほら，ちょっといいですか
◇ [lúk ルク]		★命令文で使って相手の注意を促す
◇ is	助	…している；（近い未来）…しようとしている
◇ [íz イズ]		■現在進行形〔is＋動詞の -ing形〕の形で用いる
□ flute	名	フルート
□ [flúːt フルート]		
○ case	名	ケース，箱，…入れ
○ [kéis ケイス]		
○ girl	名	女の子，少女
	動	持っている，運ぶ

品詞の略語

冠→冠詞　　名→名詞（句）
代→代名詞　動→動詞
助→助動詞　形→形容詞
副→副詞　　前→前置詞
接→接続詞　間→間投詞
《略》→省略形

単語の意味と解説

★印は，使い方や注意点，■印は語の形（複数形や過去形など）を示しています。ほかに，同様の意味の語（≒）や，反対の意味の語（⇔），発音に注意が必要なもの（❶）を載せています。

赤い文字は付属のチェックシート（赤いプラスチックシート）を当てると消えて見えます。単語や例文の意味を覚えたり確認したりする際に利用してください。

載し，確認問題を収録しています。授業の予習・復習，定期試験対策，あるいは基本語いの増強に，繰り返し利用して学習に役立ててください。

用例文（〇印がついています）
見出し語の使われている文を教科書から引用して載せています。見出し語になっている単語は赤い太字で，対応する日本語訳は**太字**で示しています。⊙印は，ターゲットとなる基本文（POINTらんの文）に該当することを示しています。
＊波線〜〜〜〜は，教科書でページが切り替わっていることを示しています。

○ **Look**.
○ **見てください。**

○ ⊙This boy **is** going to his music class.
　この男の子は自分の音楽の授業に行く**ところです**。

○ ⊙He is holding a **flute case**.
　彼は**フルートケース**を持っています。

○ ⊙This **girl** is carry
　この**女の子**は体育の授業

Lesson 5 GET Part 1	📖 pp.83~85
(1) _____	生活
(2) _____	選ぶ
(3) _____	自分(自身)の
(4) _____	授業
(5) _____	違った
(6) _____	運ぶ
_____	ケース
_____	女の子
_____	眠る
_____	スケジュール
_____	フルート

| 月　日 | ／11点 | ③ | 月　日 | ／11点 |

CHECK IT OUTで仕上げ
ここで，新出単語の確認をしてみましょう。まず，日本語を見て英語を書いてみましょう。受容語いは最初の文字が示されています。熟語は下線部に適切な単語を書きましょう。問題を解いたあと，チェックシートを当てて繰り返し学習できるようになっています。＊既習語は取り上げていません。

CONTENTS もくじ

コラム

単語ノート

Starter 1

☐☐ apple [ǽpəl **アプル**]	名	リンゴ
☐☐ **April** [éiprəl **エイプリル**]	名	4 月
☐☐ **boy** [bɔ́i **ボイ**]	名	男の子, 少年
☐☐ cow [káu **カウ**]	名	牛；雌牛
☐☐ ceremony [sérəmòuni **セレモウニ**]	名	式, 式典
☐☐ **dog** [dɔ́:g **ドーグ**]	名	イヌ
☐☐ **egg** [ég **エグ**]	名	卵
☐☐ flower [fláuər **フラウア**]	名	花
☐☐ **good** [gúd **グド**]	形	よい, すぐれた；行儀のよい
☐☐ gym [dʒím **ヂム**]	名	体育館
☐☐ horse [hɔ́:rs **ホース**]	名	馬
☐☐ ink [íŋk **インク**]	名	インク
☐☐ ice [áis **アイス**]	名	氷；アイス
☐☐ jet [dʒét **ヂェト**]	名	ジェット機

6

☐☐	king [kíŋ **キング**]	名	王
☐☐	**lunch** [lʌ́ntʃ **ランチ**]	名	昼食；(お昼の)弁当
☐☐	**math** [mǽθ **マス**]	名	数学 ★mathematicsの短縮形
☐☐	nurse [nə́:rs **ナース**]	名	看護師
☐☐	octopus [ɑ́ktəpəs **アクトパス**]	名	タコ
☐☐	**old** [óuld **オウルド**]	形	古い，昔からの
☐☐	**park** [pɑ́:rk **パーク**]	名	公園，遊園地
☐☐	queen [kwí:n **クウィーン**]	名	女王
☐☐	rainbow [réinbòu **レインボウ**]	名	虹
☐☐	square [skwéər **スクウェア**]	名	正方形
☐☐	tiger [táigər **タイガ**]	名	トラ
☐☐	umbrella [ʌmbrélə **アンブレラ**]	名	かさ
☐☐	unicycle [jú:nəsàikl **ユーニサイクル**]	名	一輪車

7

☐☐ **vacation** [veikéiʃən ヴェイ**ケイ**ション]	名	休暇，休み
☐☐ **weather** [wéðər **ウェ**ザ]	名	(そのときどきの)天気，天候
☐☐ **box** [báks **バ**クス]	名	箱 ★ふつうふたがあるものをいう

コミュニケーションを楽しもう（1）

☐☐ **month** [mʌ́nθ **マ**ンス]	名	月；ひと月(間) ■複数形は months
☐☐ **January** [dʒǽnjuèri **チャ**ニュエリ]	名	1月
☐☐ **February** [fébruèri **フェ**ブルエリ]	名	2月
☐☐ **March** [má:rtʃ **マ**ーチ]	名	3月
☐☐ **May** [méi **メ**イ]	名	5月
☐☐ **June** [dʒú:n **チュ**ーン]	名	6月
☐☐ **July** [dʒulái **チュ**ライ]	名	7月
☐☐ **August** [ɔ́:gəst **オ**ーガスト]	名	8月
☐☐ **September** [septémbər セプ**テ**ンバ]	名	9月

☐☐ yacht [ját **ヤト**]	名	ヨット	
☐☐ zebra [zí:brə **ズィーブラ**]	名	シマウマ	

📖 p.10

☐☐ **October** [ɑktóubər アク**ト**ウバ]	名	10月	
☐☐ **November** [nouvémbər ノウ**ヴェ**ンバ]	名	11月	
☐☐ **December** [disémbər ディ**セ**ンバ]	名	12月	
☐☐ calendar [kǽləndər **キャ**レンダ]	名	カレンダー	
☐☐ **first** [fə́:rst **ファ**ースト]	名 形	1番目(の)	
☐☐ **second** [sékənd **セ**カンド]	名 形	2番目(の)	
☐☐ **third** [θə́:rd **サ**ード]	名 形	3番目(の)	
☐☐ fourth [fɔ́:rθ **フォ**ース]	名 形	4番目(の)	
☐☐ fifth [fífθ **フィ**フス]	名 形	5番目(の)	
☐☐ sixth [síksθ **ス**ィクスス]	名 形	6番目(の)	

Starter 2

☐☐ seventh [sévənθ **セヴンス**]	名 形	7 番目(の)
☐☐ eighth [éitθ **エイトス**]	名 形	8 番目(の) ❶ gh は発音しない
☐☐ ninth [náinθ **ナインス**]	名 形	9 番目(の)
☐☐ tenth [ténθ **テンス**]	名 形	10 番目(の)

コミュニケーションを楽しもう (1)

☐☐ day [déi **デイ**]	名	日, 1日 ■複数形は days
☐☐ Sunday [sʌ́ndei **サンデイ**]	名	日曜日
☐☐ Monday [mʌ́ndei **マンデイ**]	名	月曜日
☐☐ Tuesday [tjúːzdei **テューズデイ**]	名	火曜日
☐☐ Wednesday [wénzdei **ウェンズデイ**]	名	水曜日 ❶ Wed- の d は発音しない
☐☐ Thursday [θə́ːrzdei **サーズデイ**]	名	木曜日
☐☐ Friday [fráidei **フライデイ**]	名	金曜日
☐☐ Saturday [sǽtərdei **サタデイ**]	名	土曜日
☐☐ subject [sʌ́bdʒikt **サブヂクト**]	名	教科 ■複数形は subjects

eleventh [ilévənθ イレヴンス]	名 形	11 番目(の)
twelfth [twélfθ トウェルフス]	名 形	12 番目(の)
thirteenth [θə̀:rtí:nθ サーティーンス]	名 形	13 番目(の)

📖 p.11

Japanese [dʒæpəní:z チャパニーズ]	名	日本語, (教科の)国語
English [íŋgliʃ イングリシュ]	名	英語
science [sáiəns サイエンス]	名	理科；自然科学
social [sóuʃəl ソウシャル]	形	社会の, 社会的な
study [stʌ́di スタディ]	名	勉強, 研究, 学業
social studies [sóuʃəl stʌ́diz ソウシャル スタディズ]	名	(小・中学校などで学ぶ)社会科
music [mjú:zik ミューズィク]	名	音楽
P.E. [pí:í: ピーイー]	名	体育
art [á:rt アート]	名	(教科の)美術

11

□□ technology [teknálədʒi テクナロヂ]	名	科学技術, テクノロジー	
□□ and [ǽnd アンド]	接	…と～, …そして～	
□□ home [hóum ホウム]	形	家庭の, わが家の	
□□ economics [ìːkənámiks イーコナミクス]	名	経済学	
□□ technology and home economics [teknálədʒi ənd hóum ìːkənámiks テクナロヂ アン(ド) ホウム イーコナミクス]		名	(教科の)技術家庭科
□□ moral [mɔ́ːrəl モーラル]	形	道徳的な, 道徳の	
□□ education [èdʒəkéiʃən エデュケイション]	名	教育	

コミュニケーションを楽しもう (2)

□□ a [ə ア]	冠	1つの, 1人の, 1匹の ★数えられる名詞の単数形の前につける。すぐ後ろの単語が母音で始まるときはanとなる
□□ in [ín イン]	前	〔時間〕…に, 〔時の経過〕…のうちに
□□ my [mái マイ]	代	私の ■I の所有格(「…の」の形)
□□ get [gét ゲト]	動	(…に)なる

12

☐☐ **moral** **education** [mɔ́ːrəl èdʒəkéiʃən モーラル エヂュ**ケイ**ション]	名	(教科の)道徳
☐☐ lesson [lésən **レ**スン]	名	〔学校の〕授業；レッスン；習い事 ■複数形は lessons
☐☐ piano [piǽnou ピ**ア**ノウ]	名	ピアノ
☐☐ cooking [kúkiŋ **ク**キング]	名	料理
☐☐ calligraphy [kəlígrəfi カ**リ**グラフィ]	名	カリグラフィ, (教科の)書写, 書道, 書法
☐☐ swimming [swímiŋ ス**ウィ**ミング]	名	水泳
☐☐ tennis [ténəs **テ**ニス]	名	テニス
☐☐ **dance** [dǽns **ダ**ンス]	名	ダンス, 踊り

📖 p.12

☐☐ **up** [ʌ́p **ア**プ]	副	〔目が覚めて〕起きて, 目が覚めて
☐☐☐ *get up*		起きる
☐☐ **wash** [wáʃ **ワ**シュ]	動	洗う, 洗濯する
☐☐ face [féis **フェ**イス]	名	顔, 表情
☐☐ **brush** [bráʃ ブ**ラ**シュ]	動	ブラシをかける, ブラシでみがく

teeth [tíːθ **ティース**]	名	歯 ■toothの複数形	
eat [íːt **イート**]	動	食べる，食事をする	
breakfast [brékfəst **ブレクファスト**]	名	朝食，朝ご飯	
read [ríːd **リード**]	動	読む，読書する	
newspaper [njúːzpèipər **ニューズペイパ**]	名	新聞，新聞紙	
leave [líːv **リーヴ**]	動	去る，離れる	
home [hóum **ホウム**]	名	家庭，うち	
leave home		家を出る	
study [stʌ́di **スタディ**]	動	勉強する，研究する	
clean [klíːn **クリーン**]	動	きれいにする，そうじする	
the [ðə, ðí **ザ，ズィ**]	冠	その，あの ★〔the＋数えられる名詞の単数形〕で使う。話の 中で特定のものをさすときに使う	
classroom [klǽsrùːm **クラスルーム**]	名	教室	
practice [prǽktəs **プラクティス**]	動	練習する，けいこをする	

□ judo □ [dʒúːdou **ヂューードウ**]	名	柔道
◇ **get** ◇ [gét **ゲト**]	動	(…に)着く，達する
◇ **home** ◇ [hóum **ホウム**]	副	わが家へ〔に〕
□ *get home* □		帰宅する
□ **do** □ [dúː **ドゥー**]	動	する，行う；行動する
□ homework □ [hóumwə̀ːrk **ホウムワーク**]	名	宿題
□ *do one's* □ *homework*		宿題をする
□ **dinner** □ [dínər **ディナ**]	名	ディナー，夕食
□ **watch** □ [wátʃ **ワチ**]	動	注意して見る，じっと見る
□ TV □ [tíːvíː **ティーヴィー**]	名	テレビ(放送・受像機) ★televisionの略
□ **take** □ [téik **テイク**]	動	(ある行動を)する，とる ★〔take a ＋行動を表す名詞〕の形で使う
□ bath □ [bǽθ **バス**]	名	浴槽；入浴
□ *take a bath* □		入浴する
□ **go** □ [góu **ゴウ**]	動	行く；出発する
□ **to** □ [túː **トゥー**]	前	…へ，…に ★行き先・到着点を表す

☐☐ **bed** [béd ベド]	名	ベッド，寝床，寝台

コミュニケーションを楽しもう（2）

☐☐ **town** [táun タウン]	名	町 ★村・市に対して使う
☐☐ shrine [ʃráin シュライン]	名	（日本の）神社，神宮
☐☐ post [póust ポウスト]	名	郵便；郵便箱
☐☐ **office** [ɔ́:fəs オーフィス]	名	事務所；会社
☐☐ post office [póust ɔ̀:fəs ポウスト オーフィス]	名	郵便局
☐☐ convenience [kənví:njəns コンヴィーニェンス]	名	便利；便利なもの
☐☐ **store** [stɔ́:r ストー]	名	店，商店
☐☐ convenience store [kənví:njəns stɔ̀:r コンヴィーニェンス ス トー]	名	コンビニエンスストア
☐☐ temple [témpl テンプル]	名	神殿，寺院
☐☐ zoo [zú: ズー]	名	動物園

☐☐☐	*go to bed*		寝る

📖 p.13

☐☐	amusement [əmjú:zmənt アミューズメント]	名	楽しみ，娯楽
☐☐	amusement park [əmjú:zmənt pàːrk アミューズメント パー ク]	名	遊園地
☐☐	police [pəlí:s ポリース]	名	警察 ★the をつけて用いる
☐☐	station [stéiʃən ステイション]	名	駅
☐☐	police station [pəlí:s stèiʃən ポリース ステイション]	名	警察署
☐☐	junior [dʒú:njər デューニャ]	名 形	年下(の)
☐☐	high [hái ハイ]	形	(値段・程度・地位が)高い
☐☐	school [skú:l スクール]	名	学校
☐☐	junior high school [dʒú:njər hái skù:l デューニャ ハイ スクー ル]	名	中学校

CHECK IT OUT!

Starter 1

(1)	a _____	リンゴ
(2)	_____	4 月
(3)	_____	男の子
(4)	c _____	牛，雌牛
(5)	c _____	式，式典
(6)	_____	イヌ
(7)	_____	卵
(8)	f _____	花
(9)	_____	よい，すぐれた
(10)	g _____	体育館
(11)	h _____	馬
(12)	i _____	インク
(13)	i _____	氷，アイス
(14)	j _____	ジェット機
(15)	k _____	王

(16)		昼食
(17)		数学
(18)	n	看護師
(19)	o	タコ
(20)		古い
(21)		公園
(22)	q	女王
(23)	r	虹
(24)	s	正方形
(25)	t	トラ
(26)	u	かさ
(27)	u	一輪車
(28)		休暇，休み
(29)		天気，天候
(30)		箱
(31)	y	ヨット

CHECK IT OUT!

(32) z _____ シマウマ

| ① 月 日 | ／32点 | ② 月 日 | ／32点 | ③ 月 日 | ／32点 |

(1) _____ 月, ひと月(間)

(2) _____ 1月

(3) _____ 2月

(4) _____ 3月

(5) _____ 5月

(6) _____ 6月

(7) _____ 7月

(8) _____ 8月

(9) _____ 9月

(10) _____ 10月

(11) _____ 11月

(12) _____ 12月

(13) c _____	カレンダー _____
(14) _____	1 番目(の) _____
(15) _____	2 番目(の) _____
(16) _____	3 番目(の) _____
(17) f _____	4 番目(の) _____
(18) f _____	5 番目(の) _____
(19) s _____	6 番目(の) _____
(20) s _____	7 番目(の) _____
(21) e _____	8 番目(の) _____
(22) n _____	9 番目(の) _____
(23) t _____	10 番目(の) _____
(24) e _____	11 番目(の) _____
(25) t _____	12 番目(の) _____
(26) t _____	13 番目(の) _____

① 月 日 ／26点	② 月 日 ／26点	③ 月 日 ／26点

21

CHECK IT OUT!

(1) _____ 日，1日

(2) _____ 日曜日

(3) _____ 月曜日

(4) _____ 火曜日

(5) _____ 水曜日

(6) _____ 木曜日

(7) _____ 金曜日

(8) _____ 土曜日

(9) s_____ 教科

(10) _____ 日本語，(教科の)国語

(11) _____ 英語

(12) _____ 理科，自然科学

(13) _____ 社会の，社会的な

(14) _____ 勉強，研究，学業

(15) s_____ s_____ (教科の)社会科

(16)	_____	音楽
(17)	_____	体育
(18)	_____	(教科の)美術
(19)	t _____	科学技術，テクノロジー
(20)	_____	…と～，…そして～
(21)	_____	家庭の，わが家の
(22)	e _____	経済学
(23)	t _____ a _____ h _____ e _____	(教科の)技術家庭科
(24)	m _____	道徳的な，道徳の
(25)	_____	教育
(26)	_____ _____	(教科の)道徳
(27)	l _____	〔学校の〕授業，レッスン
(28)	p _____	ピアノ
(29)	c _____	料理
(30)	c _____	(教科の)書写，書道

CHECK IT OUT!

(31) s＿＿＿＿＿＿＿＿＿＿　　　　　水泳

(32) t＿＿＿＿＿＿＿＿＿＿　　　　　テニス

(33) ＿＿＿＿＿＿＿＿＿＿＿＿　　　ダンス，踊り

① 月 日 ／33点	② 月 日 ／33点	③ 月 日 ／33点

Starter 3　　　　　　　　　　　　　📖 p.12

(1) ＿＿＿＿＿＿＿＿＿＿＿＿　　　１つの，１人の，１匹の

(2) ＿＿＿＿＿＿＿＿＿＿＿＿　　　〔時間〕…に，…のうちに

(3) ＿＿＿＿＿＿＿＿＿＿＿＿　　　私の

(4) ＿＿＿＿＿＿＿＿＿＿＿＿　　　（…に）なる

(5) ＿＿＿＿＿＿＿＿＿＿＿＿　　　起きて，目が覚めて

(6) get ＿＿＿＿＿＿　　　　　　　起きる

(7) ＿＿＿＿＿＿＿＿＿＿＿＿　　　洗う，洗濯する

(8) ＿＿＿＿＿＿＿＿＿＿＿＿　　　顔，表情

(9) ＿＿＿＿＿＿＿＿＿＿＿＿　　　ブラシでみがく

(10) t＿＿＿＿＿＿＿＿＿＿　　　　歯（複数形）

(11) _____	食べる
(12) _____	朝食
(13) _____	読む，読書する
(14) n _____	新聞，新聞紙
(15) _____	去る，離れる
(16) _____	家庭
(17) leave _____	家を出る
(18) _____	勉強する
(19) _____	きれいにする，そうじする
(20) _____	その，あの
(21) c _____	教室
(22) _____	練習する
(23) _____	(…に)着く
(24) _____	わが家へ〔に〕
(25) _____ home	帰宅する
(26) _____	する，行う

CHECK IT OUT!

(27)	h _____	宿題
(28)	_____ one's homework	宿題をする
(29)	_____	夕食
(30)	_____	注意して見る
(31)	_____	テレビ
(32)	_____	(ある行動を)する，とる
(33)	b _____	浴槽，入浴
(34)	_____ a bath	入浴する
(35)	_____	行く，出発する
(36)	_____	〔行き先・到達点を表して〕…へ，…に
(37)	_____	ベッド，寝床
(38)	_____ to _____	寝る

① 月 日 ／38点	② 月 日 ／38点	③ 月 日 ／38点

(1) _____ 町

(2) s _____ (日本の)神社，神宮

(3) p _____ 郵便，郵便箱

(4) _____ 事務所，会社

(5) p _____ o _____ 郵便局

(6) c _____ 便利，便利なもの

(7) _____ 店，商店

(8) c _____ s _____ コンビニエンスストア

(9) t _____ 神殿，寺院

(10) z _____ 動物園

(11) a _____ 楽しみ，娯楽

(12) a _____ p _____ 遊園地

(13) _____ 警察

(14) _____ 駅

(15) _____ _____ 警察署

CHECK IT OUT!

(16) j_____ 年下(の)

(17) _____ 高い

(18) _____ 学校

(19) j_____ h_____ 中学校
    s_____

① 月 日	／19点	② 月 日	／19点	③ 月 日	／19点

■ 順序を表す序数

① 1から3までは特殊な形をとるが，それ以外は数字の語尾に th をつけて表すのが原則

    1 one → first

    2 two → second

    3 three → third

    4 four → fourth

        ⋮

    7 seven → seventh

        ⋮

13	thirteen → thirteenth
14	fourteen → fourteenth
⋮	
100	one hundred → one hundredth
200	two hundred → two hundredth
⋮	
1000	one thousand → one thousandth
2000	two thousand → two thousandth

② つづり字で注意するもの
(1) 語尾に h をつける
8 eight → eighth [éitθ]
(2) 語尾の e をとる
9 nine → ninth
(3) 語尾の ve をとり fth をつける
5 five → fifth
12 twelve → twelfth
(4) 20，30 … 90 は語尾の ty を tieth に変える
20 twenty → twentieth
40 forty → fortieth

③ 2 ケタ以上の序数は，最後のケタのみを序数にする
21 twenty-one → twenty-first
22 twenty-two → twenty-second
23 twenty-three → twenty-third
⋮
101 one hundred and one → one hundred and first
⋮
176 one hundred and seventy-six
→ one hundred and seventy-sixth

Lesson 1 ▶ About Me Part 1 ① ~ ②

Part 1 ①

about [əbáut アバウト]	前	(話題・ことがら) について (の)，…に関して (の)
me [mí: ミー]	代	私を，私に；私 ■ I の目的格 (「…を」「…に」の形)
Jing [dʒíŋ ジン]	名	ジン ★女性の名前
Mark [mɑ́:rk マーク]	名	マーク ★男性の名前

Part 1 ②

I [ái アイ]	代	私は，私が ★文の主語に用いる
am [ǽm アム]	動	(…で) ある ★主語が I のときの be の現在形
fine [fáin ファイン]	形	元気な；すばらしい
from [frʌ́m フラム]	前	…から (の)；…から離れて；出身の ★出発点・起点・出身を表す
be from ...		…出身である，…起源である
China [tʃáinə チャイナ]	名	中国 ★首都は北京；公用語は中国語
dancer [dǽnsər ダンサ]	名	ダンサー

About Me
「私について」

✪ **I am** Tanaka Hana.
私は田中花**です**。

✪ **I am** fine.
私は**元気**です。

✪ **I am from China**.
私は**中国出身です**。

✪ **I am a** dancer.
私は**ダンサー**です。

you [jú: ユー]	代	あなたは〔が〕，あなたたちは〔が〕	
are [á:r アー]	動	（私たち〔あなた（たち），彼ら，彼女たち，それら〕は）（…で）ある ★主語がwe，you，theyまたは複数名詞のときのbeの現在形	
I'm [áim アイム]		I am の短縮形	
you're [jú:ər ユーア]		you are の短縮形	
play [pléi プレイ]	動	（スポーツ・ゲームなどを）する，競技をする	
like [láik ライク]	動	…を好む，…が好きである	
basketball [bǽskətbɔ̀:l バスケットボール]	名	バスケットボール	
have [hǽv ハヴ]	動	（仕事などが）ある	
an [ən アン]	冠	1つの，1人の，1匹の；…につき ★発音が母音で始まる語の前につける	
English [íŋgliʃ イングリシュ]	形	英語の	
every [évri エヴリ]	形	毎…，…ごとに	
every day		毎日	
sport [spó:rt スポート]	名	スポーツ，運動，競技 ■複数形は sports	

○
○ ✪ **You are** a dancer.
○ あなたはダンサー**です**。

○ ✪ I **play** tennis.
○ 私はテニスを**します**。
○ ✪ I **like basketball**.
○ 私は**バスケットボール**が**好きです**。

○ ✪ I **have an English** lesson.
○ 私は**英語の**授業が**あります**。

○ ✪ I study English **every day**.
○ 私は**毎日**英語を勉強します。

○ ✪ You like **sports**.
○ あなたは**スポーツ**が好きです。

33

happy [hǽpi **ハピ**]	形	幸せな，うれしい，楽しい
sad [sǽd **サド**]	形	悲しい
angry [ǽŋgri **アングリ**]	形	怒った，腹を立てた
thirsty [θə́ːrsti **サースティ**]	形	のどのかわいた
soccer [sákər **サカ**]	名	サッカー
player [pléiər **プレイア**]	名	(運動)選手；演奏者

Part 1 ③

hi [hái **ハイ**]	間	こんにちは，やあ ★hello よりもくだけた言い方
Lucy Brown [lúːsi bráun **ルースィ ブラウン**]	名	ルーシー・ブラウン ★人の名前
London [lʌ́ndən **ランドン**]	名	ロンドン ★イギリスの首都
live [lív **リヴ**]	動	住む，住んでいる
in [ín **イン**]	前	…(の中)に〔で，の〕；…の中で〔を〕； …の中へ〔に〕；(乗り物)に乗って，…で ★場所・状況・内部への動きを表す
city [síti **スィティ**]	名	市；都市 ★town よりも大きい都市
now [náu **ナウ**]	副	今，今は，現在は ★ふつう，文の途中・終わりで用いる

34

swimmer [swímər スウィマ]	名	水泳選手，泳ぐ人
skier [skíːər スキーア]	名	スキーヤー
banana [bənǽnə バナナ]	名	バナナ
make [méik メイク]	動	作る，こしらえる； (使えるような状態に)整える，用意する
coffee [kɔ́ːfi コーフィ]	名	コーヒー；(1杯の)コーヒー
drink [dríŋk ドリンク]	動	(水・酒などを)飲む

Hi.
こんにちは。

I am Lucy Brown.
私はルーシー・ブラウンです。

I am from London.
私はロンドン出身です。

I live in Wakaba City now.
私は今，わかば市に住んでいます。

animal [ǽnəməl アニマル]	名	動物 ■複数形は animals
very [véri ヴェリ]	副	とても，非常に，大変
much [mʌ́tʃ マチ]	副	たいへん，大いに，とても
very much		とても
have [hǽv ハヴ]	動	持っている，所有している，…がある
turtle [tə́:rtl タートル]	名	カメ
iguana [igwá:nə イグワーナ]	名	イグアナ
at [ǽt アト]	前	…に，…で ★場所・時間の一点を表す
at home		うちに
Ms. [míz ミズ]	名	…さん，…先生 ★成人した女性への敬称

good [gúd グド]	形	上手な，うまい
at [ǽt アト]	前	…の点において，…に関して
be good at ...		…が上手である
play [pléi プレイ]	動	(音楽・楽器を)演奏する

I like **animals very much**.
私は**動物**が**とても**好きです。

I **have** a **turtle** and an **iguana** at home.
私は**家**で**カメ**と**イグアナ**を**飼っています**。

Ms. Brown
ブラウン**先生**

◇ the [ðə, ðíː ザ, ズィー]	冠	…というもの ■〔the +単数普通名詞または集合名詞〕の形で用いる
volleyball [válibɔ̀ːl **ヴァ**リボール]	名	バレーボール
comic [kámik **カ**ミク]	名	漫画の本 ■複数形は comics

Part 2 ①

☐ Kate   名 ケイト
[kéit **ケイト**]   ★女性の名前

Part 2 ②

☐ baseball 名 野球
[béisbɔ̀:l
ベイスボール]

☐ fan   名 (スポーツ・映画などの) ファン
[fǽn **ファン**]

◇ are   動 (…に) ある，(…に) いる
[á:r **アー**] ★主語がwe，you，theyまたは複数名詞のとき
のbeの現在形

◇ in   前 …の一員で；…(に参加) して
[ín **イン**] ★所属・従事・活動を表す

◯ club 名 クラブ，部
[klʌ́b **クラブ**]

◯ yes   副 はい，そうです
[jés **イェス**] ★質問に答えるときに用いる

◯ no   副 いいえ，いや
[nóu **ノウ**]

◯ not   副 (…で) ない，(…し) ない
[nát **ナト**]

◇ do   助 …しますか
[dú: **ドゥー**] ★〔Do＋主語＋動詞の原形〕の形で疑問文を作る

☐ rock 名 (音楽の) ロック
[rák **ラク**]

✪ Are you a **baseball fan**?
あなたは**野球**の**ファン**ですか。

✪ **Are** you **in** the basketball **club**?
あなたはバスケットボール**部に入っていますか**。

✪ Are you in a club? — **Yes**, I am.
あなたはクラブに入っていますか—**はい**，入っています。

✪ Are you good at cooking? — **No**, I am **not**.
あなたは料理が上手ですか。—**いいえ**，上手では**ありません**。

✪ **Do** you play **rock**?
あなたは**ロック**を演奏**しますか**。

◇◇◇ **Japanese** [dʒæpəníːz チャパニーズ]	形	日本(語，人)の
food [fúːd フード]	名	食べもの
◇◇◇ **do** [dúː ドゥー]	助	…する ★前に出た動詞を繰り返す代わりに使う
don't [dóunt ドゥント]		do not の短縮形

◇◇◇ **art** [ɑ́ːrt アート]	名	芸術，美術；〔集合的に〕芸術作品
India [índiə インディア]	名	インド ★南アジアの共和国；首都ニューデリー
Australia [ɔːstréiljə オーストレイリャ]	名	オーストラリア ★イギリス連邦に属する国；首都キャンベラ； 公用語は英語
◇◇◇ **the** [ðə, ðíː ザ，ズィー]	冠	★話の中で特定のものをさすときに使い「その」 「あの」という意味。これは〔the＋固有名詞〕の 形で使う用法で日本語には特に訳さない
U.S.A. [júːèséi ユーエスエイ]	《略》	アメリカ合衆国 ★the をつけて表す。the United States of America の略
U.K. [júːkéi ユーケイ]	《略》	英国，連合王国，イギリス ★the をつけて表す。the United Kingdom の略
violin [vàiəlín ヴァイオリン]	名	バイオリン

✪ Do you eat Japanese food? — Yes, I do.
あなたは**日本料理**を食べますか。—はい，**食べます**。

bathroom [bǽθrùːm **バスルーム**]	名	浴室
kitchen [kítʃən **キチン**]	名	台所；〔形容詞的に〕台所用の
draw [dróː **ドロー**]	動	(線を)引く； (鉛筆・ペン・クレヨンなどで絵などを)かく
take [téik **テイク**]	動	(写真・コピー・記録などを)とる
picture [píktʃər **ピクチャ**]	名	絵画，絵；写真 ★油絵・水彩画・線画の別なく使い，手がきのものにも印刷されたものにもいう ■複数形は pictures
take a picture		写真をとる
cook [kúk **クク**]	動	料理する ★熱を使って調理することをさす

Part 2 ③

☐ **interested** [íntərəstəd] **インタレステド**	形	興味を持った，関心を持っている
◇ **in** [ín **イン**]	前	…の点で；…に関して(は) ★範囲・観点を表す
☐ *be interested in ...*		…に興味がある
☐ Dragon Ball [drǽgən bɔ́:l] **ドラゴン ボール**	名	『ドラゴンボール』 ★漫画の名前
☐ **know** [nóu **ノウ**]	動	知っている，知る，気付いている ❶ 語頭のkは発音しない，noと同じ発音
☐ **any** [éni **エニ**]	形	いくつかの，いくらかの，何人かの ★疑問文・条件文で用いる 1つの…も，1人の…も，少しの…も(…ない) ★否定文で用いる
☐ **song** [sɔ́:ŋ **ソーング**]	名	歌 ■複数形はsongs
☐ **often** [ɔ́:fən **オーフン**]	副	しばしば，たびたび
○ **sing** [síŋ **スィング**]	動	歌う
☐ J-pop [dʒéi pàp **ヂェイ パプ**]	名 形	日本のポップス(の)
○ **football** [fútbɔ̀:l **フトボール**]	名	フットボール(用のボール) ★アメリカではふつうAmerican football (アメリカンフットボール)を，イギリスでは soccer(サッカー)をさす

○
○ **Are** you **interested in** Japanese comics? — Yes, I
○ am.
あなたは日本の漫画**に興味はありますか**。—はい，あります。

○ I like *Dragon Ball*.
○ 私は『**ドラゴンボール**』が好きです。

○ Do you **know any** Japanese **songs**? — Yes, I do.
○ あなたは**何か**日本の**歌**を**知っています**か。—はい，知っています。

○ I **often sing J-pop** songs.
○ 私は**J ポップ**の歌を**よく歌います**。

○ I often watch **football**.
○ 私は**サッカー**をしばしば見ます。

☐☐ **word** [wə́:rd **ワード**]	名	ことば，単語 ■複数形はwords

Part 3 ②

☐☐ guitar [gitá:r **ギター**]	名	ギター
◇◇◇ **am** [ǽm **アム**]	動	(…に)いる
☐☐ band [bǽnd **バンド**]	名	バンド，楽団
☐☐ anime [ǽnimèi **アニメイ**]	名	(日本の)アニメ
☐☐ aren't [á:rnt **アーント**]		are not の短縮形
◇◇◇ **do** [dú: **ドゥー**]	助	…しない ★〔主語＋do not＋動詞の原形〕の形で否定文を 作る
☐☐ **character** [kǽrəktər **キャラクタ**]	名	人物，登場人物
☐☐ **action** [ǽkʃən **アクション**]	名	(俳優などの)動き，演技，動作
☐☐ movie [mú:vi **ムーヴィ**]	名	映画 ★主に米で用いられる ■複数形は movies
☐☐ theater [θí:ətər **スィーアタ**]	名	劇場；〔主に米〕映画館 ■複数形は theaters

◯◯ tired [táiərd **タ**イアド]	形	つかれた

✿ I am not good at the guitar.
私は**ギター**が上手ではありません。

✿ I **am** not in a **band**.
私は**バンド**には入って**いません**。

✿ I am not an anime fan.
私は**アニメ**のファンではありません。

✿ I **do** not play baseball.
私は野球を**しません**。

✿ I do not know the character.
私はその**キャラクター**を知りません。

✿ I do not like action movies.
私は**アクション映画**が好きではありません。

✿ I do not go to theaters.
私は**映画館**には行きません。

☐ excited
☐ [iksáitəd
イク**サイ**テド]

形 興奮した，わくわくした

45

sleepy [slí:pi スリーピ]	形	眠い
hungry [hʌ́ŋgri **ハ**ングリ]	形	空腹の
pianist [piǽnist ピ**ア**ニスト]	名	ピアニスト；ピアノをひく人
guitarist [gitáːrist ギ**ター**リスト]	名	ギター奏者，ギタリスト
drummer [drʌ́mər **ド**ラマ]	名	(バンドの)ドラマー，ドラム奏者
trumpeter [trʌ́mpətər **ト**ランペタ]	名	トランペット奏者

Part 3 ③

hip-hop [híp hàp **ヒ**プハプ]	名	ヒップホップ
very [véri **ヴェ**リ]	副	あまり，たいして ★否定文で用いたとき
we [wíː **ウィ**ー]	代	私たちは，私たちが，われわれは〔が〕
sometimes [sʌ́mtàimz **サ**ムタイムズ]	副	ときどき，時には
show [ʃóu **ショ**ウ]	名	(演芸・映画・サーカスなどの)ショー

speak [spíːk スピーク]	動	(ある言語を)話す
French [fréntʃ フレンチ]	名	フランス語
Chinese [tʃàiníːz チャイニーズ]	名	中国人，中国語
pizza [píːtsə ピーツァ]	名	ピザ
computer [kəmpjúːtər コンピュータ]	名	コンピューター
use [júːz ユーズ]	動	使う，使用する，利用する

📖 pp.32~33

I like **hip-hop** dance.
私は**ヒップホップ**ダンスが好きです。

I am not a **very** good dancer.
私は，踊るのは**あまり**上手ではありません。

We sometimes have a **show**.
私たちはときどきショーをします。

☐☐ **come** [kʌm **カム**]	動	来る
◇◇ **and** [ænd **アンド**]	接	…するために，…しに ★〔come〔go, try〕and …〕の形で用いる
◊◊ **see** [síː **スィー**]	動	見る，…が見える
☐☐ *come and* *see …*		…を見に来る〔行く〕
◦◦ **it** [ít **イト**]	代	それを，それに，それ ★3人称・単数の目的格〔「…を」「…に」の形〕
☐☐ **need** [níːd **ニード**]	動	…が必要である，…を必要とする
☐☐ **ticket** [tíkət **ティケト**]	名	切符，チケット
◦◦ **for** [fɔːr **フォー**]	前	…のために〔の〕；…用に〔の〕 ★利益・用途・対象を表す
☐☐ Mr. [místər **ミスタ**]	名	…氏，…さん，…様，…先生 ★成人した男性への敬称；mister（= master）の略

☐☐ hobby [hábi **ハビ**]	名	趣味
◦◦ **favorite** [féivərət **フェイヴァリト**]	形	お気に入りの，大好きな
☐☐ gymnastics [dʒimnǽstiks **ヂムナスティクス**]	名	体操

○ **Come and see it.**
○ **それを見に来てください。**

○ You do not **need** a **ticket for** the show.
○ あなたは**ショーのためのチケット**は**必要ありません**。

○ **Mr.** Oka
○ 丘**先生**

☐ pop　　　　　　名　ポップス(の)
☐ [páp　パプ]　　形

☐ classical　　　　形　(文学・芸術など)古典主義の；古典的な
☐ [klǽsikəl
　クラスィカル]

49

GET Plus 1　どんな食べものが好きですか

what [hwát (ホ)ワト]	形	何の，何という，どんな
rice [ráis ライス]	名	米
ball [bɔ́:l ボール]	名	ボール，球，玉 ■複数形は balls
rice ball [ráis bɔ̀:l ライス ボール]	名	おにぎり ■複数形は rice balls

Word Bank　Movies / TV programs / Music

horror [hɔ́:rər ホーラ]	名	恐怖；〔形容詞的に〕恐怖を感じさせる
animated [ǽnəmèitəd アニメイテド]	形	アニメの
comedy [kámədi カメディ]	名	喜劇
fantasy [fǽntəsi ファンタスィ]	名	空想；空想の産物
romance [roumǽns ロウマンス]	名	恋愛関係；恋愛小説［映画］
documentary [dàkjəméntəri ダキュメンタリ]	形	記録作品の；事実を記録した

What food do you like?
きみは**どんな**食べものが好きなの？

I like **rice balls**.
私は**おにぎり**が好きかな。

fiction [fíkʃən フィクション]	名	小説，創作；作り話
program [próugræm プ**ロ**ウグラム]	名	番組(表)，プログラム ■複数形は programs
drama [drá:mə ド**ラ**ーマ]	名	(テレビ・ラジオなどの)ドラマ ■複数形は dramas
news [njú:z ニューズ]	名	報道；知らせ
quiz [kwíz ク**ウィ**ズ]	名	(ラジオ・テレビの)クイズ
folk [fóuk フォウク]	形	民間の，民間伝承の

CHECK IT OUT!

Lesson 1 Part 1 ①

教 pp.15~17

| (1) | _____ | ~について(の) |
| (2) | _____ | 私を，私に |

① 月 日	／2点	② 月 日	／2点	③ 月 日	／2点

Lesson 1 Part 1 ②

教 pp.18~19

(1)	_____	私は，私が
(2)	_____	(…で)ある(主語がIのとき)
(3)	_____	元気な，すばらしい
(4)	_____	…から(の)，…出身の
(5)	_____	あなた(たち)は〔が〕
(6)	_____	(…で)ある(主語がwe, you, theyなどのとき)
(7)	_____	(スポーツ・ゲームなどを)する
(8)	_____	…を好む，…が好きである
(9)	_____	(仕事などが)ある
(10)	_____	1つの，1人の，1匹の(発音が母音で始まる語の前につける)
(11)	_____	毎~，…ごとに
(12)	_____	幸せな，うれしい
(13)	_____	悲しい
(14)	_____	作る，こしらえる
(15)	_____	コーヒー
(16)	_____	飲む
(17)	d_____	ダンサー

52

(18)	t _____	のどのかわいた
(19)	s _____	水泳選手，泳ぐ人
(20)	s _____	スキーヤー
(21)	_____	I am の短縮形
(22)	_____	you are の短縮形
(23)	every _____	毎日

| ① 月 日 ／23点 | ② 月 日 ／23点 | ③ 月 日 ／23点 |

Lesson 1 Part 1 ③   📖 pp.20~21

(1)	_____	住む，住んでいる
(2)	_____	市，都市
(3)	_____	今(は)，現在は
(4)	_____	たいへん，とても
(5)	_____	こんにちは，やあ
(6)	_____	動物
(7)	_____	とても，大変
(8)	_____	〔場所・時間を表して〕…に，…で
(9)	t _____	カメ
(10)	M _____	…さん，…先生(女性)
(11)	c _____	漫画の本
(12)	very _____	とても

| ① 月 日 ／12点 | ② 月 日 ／12点 | ③ 月 日 ／12点 |

CHECK IT OUT!

(1)		クラブ，部
(2)		はい，そうです
(3)		いいえ，いや
(4)		(…で)ない，(…し)ない
(5)		食べもの
(6)		台所
(7)		(線を)引く，(絵を)かく
(8)		絵，写真
(9)		(写真・記録などを)とる
(10)		料理する
(11)	f	ファン
(12)	r	(音楽の)ロック
(13)	b	浴室
(14)		do not の短縮形
(15)	_____ a picture	写真をとる

①	月	日	／15点	②	月	日	／15点	③	月	日	／15点

(1)		興味を持った，関心を持っている
(2)		知っている，知る
(3)		〔疑問文で〕いくつかの
(4)		歌
(5)		しばしば，たびたび
(6)		歌う

54

(7)	_____	フットボール（用のボール）
(8)	_____	ことば，単語
(9)	be interested _____ ...	…に興味がある

① 月 日 ／9点	② 月 日 ／9点	③ 月 日 ／9点

Lesson 1 Part 3 ②　　　　　　　　　📖 pp.30~31

(1)	_____	人物，登場人物
(2)	_____	動き，演技，動作
(3)	_____	使う，使用する
(4)	_____	つかれた
(5)	_____	空腹の
(6)	_____	（ある言語を）話す
(7)	_____	コンピューター
(8)	b	バンド，楽団
(9)	e	興奮した，わくわくした
(10)	p	ピアニスト，ピアノをひく人
(11)	g	ギター奏者，ギタリスト
(12)	d	（バンドの）ドラマー，ドラム奏者
(13)	t	劇場，映画館
(14)	C	中国人，中国語
(15)	_____	are not の短縮形

① 月 日 ／15点	② 月 日 ／15点	③ 月 日 ／15点

CHECK IT OUT!

Lesson 1 Part 3 ③

(1)		ときどき，時には
(2)		（演芸・映画などの）ショー
(3)		来る
(4)		…が必要である
(5)		切符，チケット
(6)		私たちは〔が〕
(7)		見る，…が見える
(8)		それを，それに，それ
(9)		…のために〔の〕，… 用に〔の〕
(10)		お気に入りの，大好きな
(11)	h	ヒップホップ
(12)	M	…さん，…様，…先生（男性）
(13)	h	趣味
(14)	c	（文学・芸術など）古典的な
(15)	come _____ see ...	…を見に来る〔行く〕

① 月 日	／15点	② 月 日	／15点	③ 月 日	／15点

GET Plus 1

pp.34

(1)		何の，何という，どんな
(2)		ボール，球，玉

① 月 日	／2点	② 月 日	／2点	③ 月 日	／2点

(1)		報道，知らせ
(2)	h	恐怖，恐怖を感じさせる
(3)	c	喜劇
(4)	f	空想，空想の産物
(5)	r	恋愛関係，恋愛小説［映画］
(6)	d	記録作品の，事実を記録した
(7)	f	小説，創作，作り話
(8)	p	番組（表），プログラム
(9)	q	（ラジオ・テレビの）クイズ
(10)	f	民間の，民間伝承の

① 月 日	／10点	② 月 日	／10点	③ 月 日	／10点

単語ノート

home と house　home ㊩ p.12 ／本書 p.14，
house ㊩ p.104 ／本書 p.156

　home も house も同じ「家」という意味ですが，違いはどんなところにあるのでしょうか。まず，home は居心地のよさや安心，そして平穏などを与えてくれる心のよりどころとしての「住まい」を指すのに対して，house は人や家族が住む家という「建物」を指します。home は自分が属しているという思いを持つ場所のことを指すので，建物のことも home で表すことができます。この点から，話し手がどのような思いを込めるかが使い分けのポイントになります。

　Please make yourself at home.「（来客に対して）どうぞ，おくつろぎ
　　ください。」→この表現では house は使わない。

　My parents bought this house ten years ago.「私の両親は 10 年前
　　にこの家を買いました。」→建物としての家を指すので house を使うこ
　　とが多い。

Part 1 ①

☐☐ camp [kǽmp **キャンプ**]	名	キャンプ場，キャンプ生活	

☐☐ Mary [méəri **メ(ア)リ**]	名	メアリー ★女性の名前	
☐☐ Tom [tám **タム**]	名	トム ★男性の名前	
◌◌ can [kǽn **キャン**]	助	…することができる ★可能を表す	
☐☐ pudding [púdiŋ **プディング**]	名	プリン	
◌◌ she [ʃíː **シー**]	代	彼女は，彼女が	
◌◌ run [rʌ́n **ラン**]	動	走る，走って行く	
◌◌ fast [fǽst **ファスト**]	副	(速度が)速く	
◌◌ he [híː **ヒー**]	代	彼は，彼が	
◌◌ climb [kláim **クライム**]	動	登る，(両手両足で)よじ登る ❶ 語末のbは発音しない	
◌◌ tree [tríː **トリー**]	名	木，樹木 ■複数形はtrees	
◌◌ well [wél **ウェル**]	副	うまく，上手に；十分に	

English Camp
「英語キャンプ」

○ ✪I can make pudding.
私はプリンを作ることができます。

○ ✪She can run fast.
彼女は速く走ることができます。

○ ✪He can climb trees well.
彼は上手に木を登ることができます。

☐☐ cannot [kǽnɑt **キャナト**]		can の否定形
☐☐ bake [béik **ベイク**]	動	(オーブンで)焼く
☐☐ cookie [kúki **クキ**]	名	クッキー ■複数形は cookies
☐☐ jump [dʒʌ́mp **チャンプ**]	動	とぶ，はねる
◇◇ high [hái **ハイ**]	副	高く
◍◍◍ swim [swím **スウィム**]	動	泳ぐ
☐☐ can't [kǽnt **キャント**]		cannot の短縮形
☐☐ far [fáːr **ファー**]	副	(距離が)遠くに，遠く
◍◍ ride [ráid **ライド**]	動	乗る，乗って行く

Part 1 ②

◇◇ the [ðə, ðíː **ザ, ズィー**]	冠	★前後の説明語句によって名詞が限定される場合 の用法。日本語には訳さないことが多い
◍◍ teacher [tíːtʃər **ティーチャ**]	名	先生，教師 ■複数形は teachers
☐☐ of [ʌ́v **アヴ**]	前	…の ★所有者・所属先・範囲を表す
☐☐ activity [æktívəti **アクティヴィティ**]	名	活動 ★しばしば複数形 activities で用いる

○ ✪ I **cannot bake cookies**.
私は**クッキーを焼くことができません**。

○ ✪ She cannot **jump high**.
彼女は**高くとぶ**ことができません。

○ ✪ He cannot **swim** well.
彼は上手に**泳ぐ**ことができません。

□ ski
□ [skí: スキー] 　　動　スキーですべる

□ skate
□ [skéit スケイト] 　　動　スケートをする

教 pp.40~41

○ Rei and I are **the teachers of** the cooking **activity**.
○ レイと私は調理**活動の先生**です。

is [íz イズ]	動	(…で)ある ★beの3人称単数現在形
main [méin メイン]	形	おもな，主要な
cut [kʌ́t カト]	動	切る
vegetable [védʒətəbl ヴェヂタブル]	名	野菜 ■複数形はvegetables
quickly [kwíkli クウィクリ]	副	素早く，速く
a [ə ア]	冠	…というもの ★その種類全体を示す
knife [náif ナイフ]	名	ナイフ，小刀，包丁
his [híz ヒズ]	代	彼の ★heの所有格(「…の」の形)
assistant [əsístənt アスィスタント]	名	助手，アシスタント
enjoy [indʒɔ́i インヂョイ]	動	楽しむ；味わう
Jane [dʒéin ヂェイン]	名	ジェーン ★女性の名前
drum [drʌ́m ドラム]	名	太鼓，ドラム ■複数形はdrums

Part 2 ①

dance [dǽns ダンス]	動	踊る

Rei **is** the **main** teacher.
レイは**主となる**先生です。

He can **cut vegetables quickly**.
彼は，**野菜を素早く切る**ことができます。

I cannot use **a knife** well.
私は**包丁**を上手に使うことができません。

I am **his assistant**.
私は**彼の助手**です。

Enjoy the activity.
活動を**楽しんで**ください。

教 pp.42~43

✪ Can you **dance**?
あなたは**踊る**ことができますか。

| ☐ trick
☐ [trík トリク] | 名 | (手品などの)トリック，たくらみ
■複数形は tricks |

○ touch ○ [tʌtʃ タチ]	動	触れる，さわる
☐ snake ☐ [snéik スネイク]	名	ヘビ ■複数形は snakes
☐ mountain ☐ [máuntən マウンテン]	名	山 ■複数形は mountains
☐ Spanish ☐ [spǽniʃ スパニシュ]	名	スペイン語(人)

Part 2 ②

○ your ○ [júər ユア]	代	あなたの，あなたたちの
◇ can ◇ [kǽn キャン]	助	…してもらえませんか ★依頼を表す
☐ send ☐ [sénd センド]	動	送る，(手紙などを)出す
☐ video ☐ [vídiòu ヴィディオウ]	名	ビデオテープ，映像
☐ sure ☐ [ʃúər シュア]	副	もちろん，はい，いいですとも ★返事で用いる
☐ here ☐ [híər ヒア]	副	ここに，ここで，ここへ
○ thank ○ [θǽŋk サンク]	動	感謝する，ありがたいと思う，礼を言う
◇ you ◇ [jú: ユー]	代	あなたを〔に〕；あなたたちを〔に〕
☐ *Thank you.*		ありがとう。

✪ Can you do *kendama* **tricks**?
あなたはけん玉で**妙技**をすることができますか。

☐ **write**	動	書く，文字〔文章〕を書く
☐ [ráit **ライト**]		❶ 語頭のwは発音しない
☐ **catch**	動	つかまえる，捕る，捕らえる
☐ [kǽtʃ **キャチ**]		
☐ kick	動	(ボール・人などを)ける
☐ [kík **キク**]		

教 pp.44~45

I like **your** "Soran Bushi" dance.
私は**あなたの**「ソーラン節」踊りが好きです。

Can you **send** a **video** to me?
あなたは私に**映像**を**送ってくれますか**。

Sure.
もちろんです。

You can see my video **here**.
あなたは私の映像を**ここで**見ることができます。

Thank you.
ありがとう。

◇ **it** ◇ [ít **イト**]	代	それは,それが ★3人称・単数の主格(「…が」「…は」の形)
□ it's □ [íts **イツ**]		it is の短縮形
□ **so** □ [sóu **ソウ**]	副	非常に,とても
◌ **cool** ◌ [kú:l **クール**]	形	かっこいい,すばらしい,おしゃれな

□ dribble □ [dríbl **ドリブル**]	動	ドリブルをする

GET Plus 2 チョウが何匹見えますか

□ **some** □ [sʌ́m **サム**]	形	いくつかの,いくらかの ★ふつう肯定の平叙文で使い,疑問文・否定文で は any が代わりに使われる
□ butterfly □ [bʌ́tərflài **バタフライ**]	名	チョウ ■複数形は butterflies
◌ **how** ◌ [háu **ハウ**]	副	どれくらい ★程度を表す
◌ **many** ◌ [méni **メニ**]	形	多くの,たくさんの
◌ **six** ◌ [síks **スィクス**]	名 形	6(の)

Word Bank Number / Animals

□ **number** □ [nʌ́mbər **ナンバ**]	名	数
□ zero □ [zíərou **ズィアロウ**]	名 形	ゼロ(の),0

It's so cool!
それは**とてもかっこいいです**！

□ ballet 　　　　名　バレエ
□ [bǽlei　バレイ]

教 p.46

I see **some butterflies**.
私には**何匹か**チョウが見えます。

How many butterflies do you see?
あなたは**何匹**チョウが見えますか。

I see **six** butterflies.
私には**6匹の**チョウが見えます。

教 p.47

one	名	1(の), 1つ(の)
[wʌ́n　ワン]	形	
two	名	2(の)
[tú:　トゥー]	形	

three [θríː スリー]	名 形	3(の)	
four [fɔ́ːr フォー]	名 形	4(の)	
five [fáiv ファイヴ]	名 形	5(の)	
seven [sévən セヴン]	名 形	7(の)	
eight [éit エイト]	名 形	8(の) ❶ gh は発音しない	
nine [náin ナイン]	名 形	9(の)	
ten [tén テン]	名 形	10(の)	
eleven [ilévən イレヴン]	名 形	11(の)	
twelve [twélv トウェルヴ]	名 形	12(の)	
thirteen [θəːrtíːn サーティーン]	名 形	13(の)	
fourteen [fɔːrtíːn フォーティーン]	名 形	14(の)	
fifteen [fìftíːn フィフティーン]	名 形	15(の)	
sixteen [sìkstíːn スィクスティーン]	名 形	16(の)	
seventeen [sèvəntíːn セヴンティーン]	名 形	17(の)	

□ eighteen	名	18(の)	
□ [èití:n エイティーン]	形	❶ gh は発音しない	
□ nineteen	名	19(の)	
□ [nàintí:n	形		
ナインティーン]			
□ twenty	名	20(の)	
□ [twénti	形		
トゥェンティ]			
□ thirty	名	30(の)	
□ [θə́:rti サーティ]	形		
□ forty	名	40(の)	
□ [fɔ́:rti フォーティ]	形		
□ fifty	名	50(の)	
□ [fífti フィフティ]	形		
□ sixty	名	60(の)	
□ [síksti スィクスティ]	形		
□ seventy	名	70(の)	
□ [sévənti セヴンティ]	形		
□ eighty	名	80(の)	
□ [éiti エイティ]	形	❶ gh は発音しない	
□ ninety	名	90(の)	
□ [náinti ナインティ]	形		
○ **hundred**	名	100(の)	
○ [hʌ́ndrəd ハンドレド]	形		
□ thousand	名	1000(の)	
□ [θáuzənd サウザンド]	形		
□ monkey	名	サル	
□ [mʌ́ŋki マンキ]		■複数形は monkeys	
□ panda	名	パンダ	
□ [pǽndə パンダ]		■複数形は pandas	

rabbit [rǽbət ラビト]	名	ウサギ ■複数形は rabbits
elephant [éləfənt **エ**レファント]	名	ゾウ ■複数形は elephants
kangaroo [kæ̀ŋgərúː キャンガ**ルー**]	名	カンガルー ■複数形は kangaroos
hawk [hɔ́ːk **ホーク**]	名	タカ ■複数形は hawks

■ 数字のポイント

① 13 以上の数字

(1) 13 ～ 19 は語尾が -teen の形になる。

(2) 20，30…90 は語尾が -ty の形になる。

(3) 21，22…は twenty-one，twenty-two ... という形になる。

② 間違えやすい数字

four (4) → fourteen (14) → forty (40)

five (5) → fifteen (15) → fifty (50)

eight (8) → eighteen (18) → eighty (80)

③ 数字の読み方

163 = one hundred and sixty-three

3,800 = three thousand and eight hundred

hundred や thousand の前に two や three などがついても複数形にしない。

④ 13 から 19 のアクセント

(1) 名詞として13から19を単独で用いるときは，後ろを強く発音する。

13 [θəːrtíːn]，14 [fɔːrtíːn]，15 [fiftíːn] ... 19 [naintíːn]

(2) 形容詞として，名詞といっしょに用いるときは，前を強く発音する。

13 pens [θə́ːrtiːn penz] (13 本のペン)

14 pencils [fɔ́ːrtiːn penslz] (14 本の鉛筆)

15 cats [fíftiːn kæts] (15 匹のネコ)

19 CDs [náintiːn siːdiːz] (19 枚の CD)

CHECK IT OUT!

Lesson 2　Part 1 ①　　　　　　　　　　　　📖 pp.37~39

(1)	_____	…することができる
(2)	_____	彼女は，彼女が
(3)	_____	走る，走って行く
(4)	_____	(速度が)速く
(5)	_____	彼は，彼が
(6)	_____	登る，(両手両足で)よじ登る
(7)	_____	木，樹木
(8)	_____	うまく，上手に，十分に
(9)	_____	泳ぐ
(10)	_____	(距離が)遠くに，遠く
(11)	_____	乗る，乗って行く
(12)	c_____	canの否定形
(13)	b_____	(オーブンで)焼く
(14)	s_____	スケートをする
(15)	_____	cannotの短縮形

① 月 日 ／15点	② 月 日 ／15点	③ 月 日 ／15点

Lesson 2　Part 1 ②　　　　　　　　　　　　📖 pp.40~41

(1)	_____	…の
(2)	_____	おもな，主要な
(3)	_____	切る
(4)	_____	素早く，速く
(5)	_____	彼の
(6)	_____	先生，教師

(7)		(…で)ある(be の 3 人称単数現在形)
(8)		楽しむ, 味わう
(9)	k	ナイフ, 小刀, 包丁
(10)	a	助手, アシスタント

| ① | 月 | 日 | ／10点 | ② | 月 | 日 | ／10点 | ③ | 月 | 日 | ／10点 |

Lesson 2 Part 2 ①
📖 pp.42~43

(1)		書く, 文字〔文章〕を書く
(2)		つかまえる, 捕る, 捕らえる
(3)		触れる, さわる
(4)	t	(手品などの)トリック, たくらみ
(5)	S	スペイン語(人)

| ① | 月 | 日 | ／5点 | ② | 月 | 日 | ／5点 | ③ | 月 | 日 | ／5点 |

Lesson 2 Part 2 ②
📖 pp.44~45

(1)		送る
(2)		ビデオテープ, 映像
(3)		もちろん, はい
(4)		ここに, ここで, ここへ
(5)		非常に, とても
(6)		あなたの, あなたたちの
(7)		感謝する, 礼を言う
(8)		かっこいい, おしゃれな
(9)	b	バレエ

(10) _____ it is の短縮形

① 月 日	／10点	② 月 日	／10点	③ 月 日	／10点

GET Plus 2　　　　　　　　　　　　　　　　📖 p.46

(1) _____ いくつかの, いくらかの

(2) _____ どれくらい

(3) _____ 多くの, たくさんの

(4) _____ 6(の)

① 月 日	／4点	② 月 日	／4点	③ 月 日	／4点

Word Bank　　　　　　　　　　　　　　　　📖 p.47

(1) _____ 数

(2) _____ 1(の), 1つ(の)

(3) _____ 2(の)

(4) _____ 3(の)

(5) _____ 4(の)

(6) _____ 5(の)

(7) _____ 7(の)

(8) _____ 8(の)

(9) _____ 9(の)

(10) _____ 10(の)

(11) _____ 11(の)

(12) _____ 12(の)

(13) _____ 100(の)

(14) † _____ 1000(の)

■ 名詞の複数形の作り方

　名詞の複数形は原則として単数形の語尾に(e)sをつけますが，語尾の音によってさまざまな例外があります。ここに載せるのは基本的なものです。
＊母音字とは，母音を表すつづり字a, e, i, o, uのことで，これ以外はすべて子音字です。

① 語尾にそのまま s をつける(i)
books[-s]　students[-ts]　hands[-dz]　pens[-z]

② 語尾にそのまま s をつける (ii)
(1) 語尾が母音のもの　　trees[-z]　shoes[-z]
(2) つづりが発音しないeで終わるもの　　faces[-iz]　games[-z]
(3) 語尾が[母音字＋y]のもの　　days[-z]　　boys[-z]

③ 語尾が-s, -ss, -x, -ch, -shの名詞にはesをつける
buses[-iz]　classes[-iz]　foxes[-iz]　lunches[-iz]
dishes[-iz]

④ 語尾が[子音字＋o]の名詞にはesまたはsをつける
(1) esをつける　potatoes[-z]
(2) sをつける　pianos[-z]　photos[-z]

⑤ 語尾が[子音字＋y]の名詞はyをiに変えてesをつける
story → stories[-iz]　family → families[-iz]

⑥ 語尾がfeの名詞はfeをvに変えてesをつける
life → lives[-vz]　knife → knives[-vz]

⑦ 不規則に変化する名詞
foot → feet　man → men

Part 1 ①

our [áuər **アウア**]	代	私たちの，われわれの
new [njú: **ニュー**]	形	新しい；目新しい，見慣れない ⇔old 形 古い
friend [frénd **フレンド**]	名	友人，友だち

Dinu [dinú: **ディヌー**]	名	ディヌー ★男性の名前
this [ðís **ズィス**]	代	これは〔が〕，この人は〔が〕
dress [drés **ドレス**]	名	ドレス；服装
that [ðǽt **ザト**]	代	それは〔が〕，あれは〔が〕
bat [bǽt **バト**]	名	(野球・クリケットなどの)バット
that's [ðǽts **ザツ**]		that is の短縮形
isn't [íznt **イズント**]		is not の短縮形

dear [díər **ディア**]	形	親愛なる… ★手紙の書き出しに使う
Ratna [rǽtnə **ラトナ**]	名	ラトナ ★女性の名前

Our New Friend
「私たちの新しい友だち」

✪ **This** is a **dress**.
これは**ドレス**です。

✪ **That** is a baseball **bat**.
あれは野球の**バット**です。

Dear Ratna,
親愛なるラトナへ

hello [helóu　ヘ**ロ**ウ]	名	あいさつ ★「やあ」「こんにちは」などのあいさつを表す	
in [ín　**イ**ン]	前	…(の状態)で，…になって；…で(作った)； …を用いて ★状態・方法・材料を表す	
namaste [nλməstéi ナマス**テ**イ]	間	こんにちは，さようなら ★ヒンディー語のあいさつのことば	
Hindi [híndi:　**ヒ**ンディー]	名	ヒンディー語 ★インド中部・北部の主要言語；インド共和国の 公用語の１つで最大の話者人口を持つ	
easy [í:zi　**イ**ーズィ]	形	やさしい，簡単な	
learn [lə́:rn　**ラ**ーン]	動	学ぶ，習う；覚える	
yours [júərz　**ユ**アズ]	代	あなたのもの；あなたたちのもの； 〔手紙の最後に書くしめのことば〕(いつまで も)あなたのもの	
name [néim　**ネ**イム]	名	名前	
radish [rǽdiʃ　**ラ**ディシュ]	名	ハツカダイコン	
carrot [kǽrət　**キャ**ロト]	名	ニンジン	
bag [bǽg　**バ**グ]	名	袋，かばん，バッグ	
cap [kǽp　**キャ**プ]	名	(ふちのついていない)帽子	

こんにちは。This is 'hello' in Japanese.
こんにちは。これは日本語で「ハロー」という意味です。

It is 'namaste' in Hindi.
それはヒンディー語では「ナマステ」です。

Japanese is not easy.
日本語は簡単ではありません。

I learn it from my friend, Hana.
私は友だちの花から，それを学んでいます。

Yours, ディヌー
いつまでもあなたのもの，ディヌー

This is my name in Japanese.
これは日本語で私の名前です。

☐ fox ☐ [fάks ファクス]	名	キツネ
☐ classmate ☐ [klǽsmèit クラスメイト]	名	クラスメイト，同級生

Part 1 ②

fan [fæn **ファン**]	名	扇
usually [jú:ʒuəli **ユージュアリ**]	副	たいてい，いつも(は)，ふつう
on [án **アン**]	前	…(日)に ★期日を表す
hot [hát **ハト**]	形	熱い；暑い
bitter [bítər **ビタ**]	形	苦い；つらい
taste [téist **テイスト**]	名	味；味覚

Part 2 ①

what [hwát (ホ)**ワト**]	代	何，どんなもの〔こと〕
library [láibrèri **ライブレリ**]	名	図書館，図書室
what's [hwáts (ホ)**ワツ**]		what is の短縮形

This is a *sensu*. It is a Japanese **fan**.
これは扇子です。それは日本の**扇**です。

We **usually** use it **on hot** days.
私たちは**たいてい**それを**暑い日に**使います。

◇ **high** 形 (高さが)高い
◇ [hái **ハイ**]

✪**What** is this?
これは**何**ですか。

It is a **library**.
それは**図書館**です。

people [pí:pl **ピープル**]	名	人々，人たち
their [ðéər **ゼア**]	代	彼(女)らの；それらの
wish [wíʃ **ウィシュ**]	名	願い，望み ■複数形は wishes
on [án **アン**]	前	…の上に；…に(乗って)；…(の身)につけて ★接触・固定を表す
one [wán **ワン**]	形	一方の
side [sáid **サイド**]	名	(左右・上下などの)側，(表裏などの)面
interesting [íntərəstiŋ **インタレスティング**]	形	おもしろい，興味深い
souvenir [sù:vəníər **スーヴェニア**]	名	思い出の品，みやげ物
leave [lí:v **リーヴ**]	動	残す，置いていく
see [sí: **スィー**]	動	わかる，理解する
I see.		わかりました，なるほど
hospital [háspitl **ハスピトル**]	名	病院
museum [mju:zí:əm **ミューズィーアム**]	名	博物館；美術館

People write **their wishes on one side**.
人々は，**彼らの願いを片面に**書きます。

That's interesting.
それは，**おもしろい**です。

Is it a souvenir? — No, it isn't.
それは**おみやげ**ですか。―いいえ，違います。

People leave their *ema* at the shrine.
人々は彼らの絵馬をその神社に**残します**。

I see.
わかりました。

restaurant
[réstərənt
レストラント]
图 レストラン
★ハンバーガー店から高級レストランまでさまざまな規模のものについていう

fire
[fáiər ファイア]
图 火，火事

○○○	**fire station** [fáiər stèiʃən **ファイア ステイション**]	名	消防署

Part 2 ②

☐☐	**guess** [gés **ゲス**]	動	推測する
◇◇◇	**is** [íz **イズ**]	動	(…に)いる, (…に)ある ★beの3人称単数現在形
◇◇◇	**the** [ðə, ðí: **ザ, ズィー**]	冠	★〔the +ただひとつしかないもの・自然現象・ 方角など〕で用いる用法
☐☐	sea [sí: **スィー**]	名	海；〔形容詞的に〕海の
○○○	**put** [pút **プト**]	動	〔ある場所に〕置く, つける
☐☐	**letter** [létər **レタ**]	名	(ふつう封筒に入った)手紙 ■複数形はletters
☐☐	postbox [póustbàks **ポウストバクス**]	名	郵便ポスト
☐☐	**floor** [flɔ́:r **フロー**]	名	床；(海などの)底

☐☐	castle [kǽsl **キャスル**]	名	城
○○○	**famous** [féiməs **フェイマス**]	形	有名な
☐☐	popular [pápjələr **パピュラ**]	形	人気のある, 流行の

□ hotel
□ [houtél　ホウテル]
名　ホテル

教 pp.56~57

Can you **guess**?
あなたは**言い当てる**ことができますか。

Is this in **the sea**? — Yes, it is.
これは**海**の中に**あります**か。―はい，あります。

People **put letters** in it.
人々はその中に**手紙**を**入れます**。

Is this a **postbox**? — Yes.
これは**郵便ポスト**ですか。―そうです。

It's a postbox on the sea **floor**.
それは海の**底**にある郵便ポストです。

□ crowded
□ [kráudəd
　クラウデド]
形　こんでいる

Part 3 ①

him [hím **ヒム**]	代	彼を，彼に ★heの目的格（「…を」「…に」の形）
who [húː **フー**]	代	だれ〔が〕
this [ðís **ズィス**]	形	この，こちらの
woman [wúmən **ウマン**]	名	（おとなの）女性
women [wímən **ウィメン**]	名	woman（女性）の複数形
who's [húːz **フーズ**]		who isの短縮形
she's [ʃíːz **シーズ**]		she isの短縮形

know [nóu **ノウ**]	動	知り合いである，見知っている
her [hə́ːr **ハー**]	代	彼女を，彼女に ★she の目的格（「…を」「…に」の形）
performer [pərfɔ́ːrmər **パフォーマ**]	名	上演者，噺（はなし）家
perform [pərfɔ́ːrm **パフォーム**]	動	演じる，演奏する

❂This is Wakaba-kun. I like **him**.
これはわかばくんです。私は**彼を**気に入っています。

❂**Who** is **this woman**? — She is Makiko.
この女性は**だれ**ですか。―彼女はマキコです。

This is Ms. Oshima. Do you **know her**?
こちらは大島さんです。あなたは**彼女を知っています**か。

She is a *rakugo* **performer**.
彼女は落語の**上演者**です。

She can **perform** *rakugo* in English.
彼女は英語で落語を**演じる**ことができます。

her [hə́:r **ハー**]	代	彼女の ★she の所有格(「…の」の形)
this [ðís **ズィス**]	形	今の，今…，この，きょうの
weekend [wí:kènd **ウィーケンド**]	名	週末，ウイークエンド
father [fá:ðər **ファーザ**]	名	父 ★家庭内では固有名詞のように使い，a，the，my，ourなどをつけない。dad，daddyに比べて少し改まった言い方
brother [brʌ́ðər **ブラザ**]	名	兄，弟，(男の)兄弟

Part 3 ②

mascot [mǽskət **マスカト**]	名	(チーム・組織などの)マスコット
orange [ɔ́:rəndʒ **オーレンヂ**]	名 形	オレンジ色(の)
pink [píŋk **ピンク**]	名 形	ピンク色(の)
blue [blú: **ブルー**]	形	青い；青ざめた
green [grí:n **グリーン**]	形	緑色の
or [ɔ́:r **オー**]	接	または，あるいは，それとも
yellow [jélou **イエロウ**]	名 形	黄色(の)

You can enjoy **her** English *rakugo* show **this weekend**.
あなたは，**今週末に彼女の**英語落語ショーを楽しむことができます。

mother 　　名　母，母親
[mʌ́ðər　マザ]

sister 　　名　姉，妹，女のきょうだい
[sístər　スィスタ]

Smith 　　名　スミス
[smíθ　スミス]　　　★人の姓

教 pp.60~61

Unagappa is the **mascot** of Tajimi City, Gifu.
うながっぱは岐阜の多治見市の**マスコット**です。

He is **orange**, **pink**, **blue**, **green**, **or yellow**.
彼は**オレンジ**，**ピンク**，**青**，**緑**，**または黄色**をしています。

☐ entertainer ☐ [èntərtéinər エンタテイナ]	名	芸能人
◊ **funny** ◊ [fʌ́ni **ファニ**]	形	こっけいな，おかしい

Take Action! Listen 1　商品の説明

☐ **dollar** ☐ [dálər **ダラ**]	名	ドル ★米国・カナダ・オーストラリア・シンガポール 　などの貨幣単位 ■複数形は dollars
☐ **key** ☐ [kí: **キー**]	名	鍵
☐ chain ☐ [tʃéin **チェイン**]	名	くさり
◊ **for** ◊ [fɔ́:r **フォー**]	前	…の金額で ★代金を表す
☐ **free** ☐ [frí: **フリー**]	形	無料の
☐ *for free* ☐		無料で

90

☐ cheerful ☐ [tʃíərfəl **チ**アフル]	形	元気のいい	

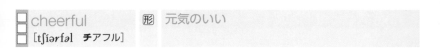 教 p.62

○ **color** ○ [kʌ́lər **カ**ラ]	名	色, 色彩
○ **red** ○ [réd **レ**ド]	名 形	赤(の)
◇ **green** ◇ [gríːn **グリ**ーン]	名	緑
◇ **blue** ◇ [blúː **ブ**ルー]	名	青
○ **black** ○ [blǽk **ブ**ラク]	名 形	黒(の)

単語ノート

「きょうだい」を表すことば　教 p.59 ／本書 pp.88~89

　英語で「兄弟」のことはbrother,「姉妹」のことはsisterと言いますね。英語では年上・年下に関係なく, つまりは兄でも弟でもbrother, 姉でも妹でもsisterを使います。「私には兄がいます」はI have a brother. でいいわけです。ただ, 特定して表したい場面では, 年上の場合はolder, big, elderを, 年下の場合はyounger, littleをつけて表します。また,「お姉ちゃん」などと呼ぶときにSister!とは言わず, ふつうは名前で呼びます。

　I have two older sisters. （私には姉が2人います。）

　男女を区別せずにきょうだいの1人をさすときには, siblingということばもあります。こちらは少しかたい語ですが, 知っていればどこかで出会うかもしれません。

91

Take Action! Talk 1 ねえ，聞いて！

◇ **what** ◇ [hwát (ホ)**ワト**]	代	何を
Guess what!		ちょっと聞いて。
same [séim **セイム**]	形	同じ，同一の；よく似た
really [ríːəli **リーアリ**]	副	ほんと，へえー ★間投詞的に使う。相手のことばに対してあいづちを打つときに使い，軽い驚き・疑い・興味などを表す
too [túː **トゥー**]	副	(…も)また
Me, too.		私も。
You know what?		ねえ知ってる？
listen [lísən **リスン**]	動	(じっと)聞く，耳を傾ける ❶-ten のtは発音しない

Guess what!
ちょっと聞いてください！

I have the **same** key chain.
私は**同じ**キーチェーンを持っています。

Really?
本当ですか？

I like the character on it. — **Me, too.**
ぼくはそれについているキャラクターが好きなんです。—**私もです。**

nice [náis ナイス]	形	すてきな，すばらしい
great [gréit グレイト]	形	すてきな，すばらしい

Project 1　理想のロボットを発表しよう

dream [drí:m　ドリーム]	名	(実現したいと思っている)夢，希望，理想； 〔形容詞的に〕夢のようにすばらしい
robot [róubɑt　ロウバト]	名	ロボット
like [láik　ライク]	前	…のように，…のような
real [rí:əl　リーアル]	形	本当の；実質の
also [ɔ́:lsou　オールソウ]	副	…もまた；さらに；そのうえ
language [lǽŋgwidʒ ラングウィヂ]	名	言語；(ある国・民族の)ことば，国語 ■複数形は languages
be [bí:　ビー]	動	(…で)ある，(…に)なる
with [wíð　ウィズ]	前	…と，…に(対して) ★相手・対応を表す
be friends *with ...*		…と友だちである

This is my **dream robot**, Pochi Friend.
これは私の**夢のロボット**，ポチ・フレンドです。

It can run **like** a **real** dog.
それは**本物のイヌのように**走ることができます。

It can **also** speak many **languages**.
それは多くの**言語**を話すこと**も**できます。

You can **be friends with** it.
あなたはそれ**と友だちになる**ことができますよ。

CHECK IT OUT!

(1)		私たちの，われわれの
(2)		新しい，目新しい，見慣れない
(3)		友人，友だち
(4)		これは〔が〕，この人は〔が〕
(5)		それは〔が〕，あれは〔が〕
(6)		親愛なる…
(7)		やさしい，簡単な
(8)		学ぶ，習う，覚える
(9)		あなた（たち）のもの，〔手紙で〕（いつまでも）あなたのもの
(10)		（「こんにちは」などの）あいさつ
(11)		名前
(12)		袋，かばん，バッグ
(13)	H	ヒンディー語
(14)	r	ハツカダイコン
(15)	f	キツネ
(16)	c	クラスメイト，同級生
(17)		that isの短縮形
(18)		is notの短縮形

① 月 日 ／18点	② 月 日 ／18点	③ 月 日 ／18点

Lesson 3 Part 1 ②

pp.52~53

(1)	_____	たいてい，いつも(は)，ふつう
(2)	_____	〔期日を表して〕…(日)に
(3)	_____	熱い，暑い
(4)	f _____	扇
(5)	t _____	味，味覚

① 月 日	／5点	② 月 日	／5点	③ 月 日	／5点

Lesson 3 Part 2 ①

教 pp.54~55

(1)	_____	人々，人たち
(2)	_____	彼(女)らの，それらの
(3)	_____	願い，望み
(4)	_____	(左右・上下の)側，(表裏の)面
(5)	_____	おもしろい，興味深い
(6)	_____	病院
(7)	_____	レストラン
(8)	_____	火，火事
(9)	_____ _____	消防署
(10)	s _____	思い出の品，みやげ物
(11)	h _____	ホテル
(12)	_____	what is の短縮形
(13)	I _____.	わかりました，なるほど

① 月 日	／13点	② 月 日	／13点	③ 月 日	／13点

CHECK IT OUT!

Lesson 3　Part 2 ②　　　　　　　　　　　　　　教 pp.56~57

(1)	_____	推測する
(2)	_____	（ふつう封筒に入った）手紙
(3)	_____	床，（海などの）底
(4)	_____	置く，つける
(5)	_____	有名な
(6)	p_____	人気のある，流行の
(7)	c_____	こんでいる

①	月	日	／7点	②	月	日	／7点	③	月	日	／7点

Lesson 3　Part 3 ①　　　　　　　　　　　　　　教 pp.58~59

(1)	_____	だれ〔が〕
(2)	_____	彼を，彼に
(3)	_____	（おとなの）女性
(4)	_____	「女性」の複数形
(5)	_____	彼女を(に)，彼女の
(6)	_____	週末，ウイークエンド
(7)	_____	父
(8)	_____	兄，弟，（男の）兄弟
(9)	_____	母，母親
(10)	_____	姉，妹，女のきょうだい
(11)	p_____	上演者，噺家
(12)	p_____	演じる，演奏する
(13)	_____	who isの短縮形

(14) _____ she isの短縮形

| ① | 月 | 日 | ／14点 | ② | 月 | 日 | ／14点 | ③ | 月 | 日 | ／14点 |

Lesson 3 Part 3 ②　　　　　　　　　　　　教 pp.60~61

(1) _____ または，あるいは，それとも
(2) _____ オレンジ色(の)
(3) _____ 青い，青ざめた
(4) _____ 緑色の
(5) _____ こっけいな，おかしい
(6) m_____ (チーム・組織などの)マスコット
(7) e_____ 芸能人
(8) c_____ 元気のいい

| ① | 月 | 日 | ／8点 | ② | 月 | 日 | ／8点 | ③ | 月 | 日 | ／8点 |

Take Action!　Listen 1　　　　　　　　　　　　教 p.62

(1) _____ ドル
(2) _____ 鍵
(3) _____ 無料の
(4) _____ 色，色彩
(5) _____ 赤(の)
(6) _____ 黒(の)
(7) c_____ くさり

| ① | 月 | 日 | ／7点 | ② | 月 | 日 | ／7点 | ③ | 月 | 日 | ／7点 |

CHECK IT OUT!

Take Action! Talk 1

教 p.63

(1) _____ 同じ，同一の，よく似た

(2) _____ ほんと，へえー

(3) _____ (…も)また

(4) _____ (じっと)聞く，耳を傾ける

(5) _____ すてきな，すばらしい

(6) _____ すてきな，すばらしい

① 月 日	／6点	② 月 日	／6点	③ 月 日	／6点

Project 1

教 pp.66~67

(1) _____ …のように(な)

(2) _____ 本当の，実質の

(3) _____ …もまた，さらに

(4) _____ 言語，ことば

(5) _____ (…で)ある，(…に)なる

(6) _____ 〔相手・対応を表して〕…と，…に(対して)

(7) _____ 夢，希望

(8) r_____ ロボット

(9) be _____ with ... …と友だちである

① 月 日	／9点	② 月 日	／9点	③ 月 日	／9点

■ 意識しているか，していないかを ポイントにする動詞

　英語で「見る」を表す単語にはseeやlook，watchがあります。また，「聞く」を表す単語にはhearとlistenがあります。どれも同じ場面で同じように使えるわけではありません。根本の意味をとらえて使い分けられるようになりましょう。

　まずは，「見る・見える」を表す動詞です。seeは「自分の意志とは関係なく自然と視界に入り見える」ことを，lookは「注意を傾けて何があるのかを見ようと視線を向ける」ことを，watchは「動いているもの，変化をしているものがどうなるかを見る」ことです。

I can see my school from here.　（ここから私の学校が見えます。）
Look at that girl.　（あの女の子を見てください。）
I watch TV after dinner every day.
（私は毎日夕食のあとにテレビを見ます。）

　次に，「聞く・聞こえる」を表す単語を見ていきましょう。hearは「意識していなくても自然と音が耳に入ってきて聞こえる」ことを，listenは「自分から注意を傾けて意識して聞こうとする」ことをさします。

Listen! What is that voice? Can you hear it?
（聞いて！　あの声は何だろう。あなたは聞こえますか。）

　これらの動詞を理解するときのポイントは，意識せずに目に／耳に入ってくるときはsee／hearを，注意を傾けて見る／聞くときはlook，watch／listenを使うということになります。

Lesson 4 ▶ My Family, My Hometown GET Part 1

GET Part 1

family [fǽməli ファミリ]	名	家族；家族の者たち
hometown [hóumtáun ホウムタウン]	名	ふるさと，故郷

these [ðíːz ズィーズ]	代	これらのもの〔人〕 ★this の複数形
parent [péərənt ペアレント]	名	親，両親 ★「両親」という意味では複数形で用いる ■複数形は parents
they [ðéi ゼイ]	代	彼〔彼女〕らは〔が〕，それらは〔が〕； (ばく然と)人々(は)，人たちは ★he(彼は)，she(彼女は)，it(それは)の複数形
Scotland [skátlənd スカトランド]	名	スコットランド ★英国の北部地方；18 世紀の初めにイングランドと合併；首都エジンバラ
drive [dráiv ドライヴ]	動	(車を)運転する ■3 人称単数現在形(3 単現)は drives
taxi [tǽksi タクスィ]	名	タクシー
every [évri エヴリ]	形	すべての，あらゆる
street [stríːt ストリート]	名	通り，道
there [ðéər ゼア]	副	そこに，そこで，そこへ，あそこに〔で，へ〕
teach [tíːtʃ ティーチ]	動	(人に知識・技術・教科などを)教える ■3 単現は teaches

My Family, My Hometown
「私の**家族**，私の**故郷**」

These are my parents.
これらの人は私の**両親**です。

They are from Scotland.
彼らはスコットランド出身です。

✪My father drives a taxi.
私の父は**タクシー**を**運転しています**。

✪He knows every street there.
彼は**そこのすべての通り**を知っています。

✪My mother teaches art at home.
私の母は美術を家で**教えています**。

| □ those
□ [ðóuz **ゾウズ**] | 代 | それら，あれら
★thatの複数形 |
| □ **student**
□ [stjúːdənt
ステューデント] | 名 | 生徒，学生
■複数形は students |

◌ **time** ◌ [táim **タイム**]	名	時刻，時間；…すべき時
□ *What time ...?* □		何時に
◇ **how** ◇ [háu **ハウ**]	副	どんなぐあいで，いかがで；どんなふうに ★健康・天候・状態・人の感じを表す
□ *How about* □ *you?*		あなたはどうですか。
◇ **practice** ◇ [préktəs **プラクティス**]	名	練習，けいこ
□ **does** □ [dʌz **ダズ**]	動 助	doの3人称単数現在形

GET Part 2

□ Peter □ [píːtər **ピータ**]	名	ピーター ★男性の名前
□ bagpipes □ [bǽgpàips **バグパイプス**]	名	バグパイプ ★スコットランドなどでよく使われる民族楽器
□ **them** □ [ðém **ゼム**]	代	彼（女）らを〔に〕；それらを〔に〕

Those are her **students**.
あれらは彼女の**生徒**です。

What time do you get up, Yuki?
ユキ，あなたは**何時に**起きますか。

How about you?
あなたはどうですか。

☐ has   動 持っている，飼っている
☐ [hǽz ハズ]   ★主語が3人称単数現在形のときのhaveの形
○ cat   名 ネコ
○ [kǽt キャト]

教 pp.72~73

This is my brother, Peter.
これは弟の**ピーター**です。

He plays the bagpipes.
彼は**バグパイプ**を演奏します。

✪ Our music club does not have **them**.
私たちの音楽部では**それらを**持っていません。

traditional [trədíʃənəl トラディショナル]	形	伝統的な
instrument [ínstrumənt インストルメント]	名	楽器
at school		学校で
belong [biló:ŋ ビローング]	動	…のものである，…に所属している ■3単元はbelongs
to [tú: トゥー]	前	…に(属する)，…について(いる) ★所属・付属・対応を表す
belong to ...		…に所属している
college [kálidʒ カリヂ]	名	大学
doesn't [dʌ́znt ダズント]		does not の短縮形
look [lúk ルク]	動	(注意してよく)見る；視線を向ける
at [ǽt アト]	前	…に向かって，…をめがけて ★ねらい・対象を表す
look at ...		…を見る
page [péidʒ ペイヂ]	名	ページ
pet [pét ペト]	名	ペット

Bagpipes are a **traditional instrument** in Scotland.
バグパイプはスコットランドの**伝統的な楽器**です。

✪ Does he play them **at school**? — Yes, he does.
彼は**学校で**それらを演奏しますか。―はい，演奏します。

He **belongs to a college** band.
彼は**大学の楽団に所属しています**。

Look at page 42.
42 ページを見てください。

☐ ☐ cricket ☐ [kríkət　クリケト]	名	クリケット ★スポーツの名前

want [wánt　**ワント**]	動	(…が)ほしい，望む
shoe [ʃúː　**シュー**]	名	くつ ■複数形は shoes

USE Read My Favorite Places

place [pléis　**プレイス**]	名	場所，所；地域 ■複数形は places
tall [tɔ́ːl　**トール**]	形	背が高い，(細長く)高い ⇔short 形 短い
clock [klák　**クラク**]	名	時計 ★置き時計・掛け時計・柱時計をいう。携帯用は watch
tower [táuər　**タウア**]	名	塔，タワー
hold [hóuld　**ホウルド**]	動	(手などでしっかり)持っている，にぎる； 所有する ■3 単現は holds
small [smɔ́ːl　**スモール**]	形	小さい；(面積が)狭い ⇔big 形 大きい
bell [bél　**ベル**]	名	鈴，鐘 ■複数形は bells
big [bíg　**ビグ**]	形	大きい；重要な ⇔small 形 小さい
Big Ben [bíg bén　**ビグ ベン**]	名	ビッグベン ★英国国会議事堂の塔の上の大時計の鐘，または その塔全体

108

☐ **early**
☐ [ə́ːrli **アーリ**]

副 (時間的・時期的に)早く；早めに

◯ **walk**
◯
◯ [wɔ́ːk **ウォーク**]

動 (犬などを)散歩させる

教 pp.74~75

◯ **My Favorite Places**
◯ 「私の好きな**場所**」

◯ My favorite place is this **tall clock tower**.
◯ 私の好きな場所は，この**高い時計塔**です。

◯ It **holds** four **small bells** and one **big bell**, Big
◯ **Ben**.
それには 4 つの**小さなベル**と「**ビッグベン**」という 1 つの**大きなベル**があ
ります。

short [ʃɔ́ːrt ショート]	形	短い
melody [mélədi メロディ]	名	メロディー，旋律
hour [áuər アウア]	名	1時間，60分 ❶our(私たちの)と同音
hear [híər ヒア]	動	聞こえる，聞く
Edinburgh [édnbə̀ːrə エドンバーラ]	名	エジンバラ ★スコットランドの首都
hold [hóuld ホウルド]	動	(会・式など)を催す ■3単現はholds
festival [féstəvəl フェスティヴァル]	名	お祭り，祭典 ■複数形はfestivals
the [ðə, ðíː ザ, ズィー]	冠	…(年)代；今…，当… ★期間・時期・時を表す語の前で用いる
summer [sʌ́mər サマ]	名	夏
concert [kánsərt カンサト]	名	演奏会，音楽会 ■複数形はconcerts
wear [wéər ウェア]	動	身につけている，着ている
kilt [kílt キルト]	名	キルト ■複数形はkilts
another [ənʌ́ðər アナザ]	形	もう1つの；別の

The bells play a **short melody** every **hour**.
ベルは**短いメロディー**を**1時間**ごとに演奏します。

You **hear** it at school every day.
毎日，学校でそれが**聞こえます**。

Edinburgh holds many famous **festivals** in **the summer**.
エジンバラは**夏**に多くの有名な**お祭り**を**開催します**。

One festival has traditional music **concerts**.
あるお祭りには伝統的な音楽の**演奏会**があります。

Performers **wear kilts** and play the bagpipes.
演奏者たちは**キルト**を**着て**バグパイプを演奏します。

At **another** festival, you can enjoy new art.
別のお祭りでは，あなたは新しい芸術を楽しむことができます。

◇◇◇ **some** [sʌ́m **サム**]	形	(ある)一部の，なかには…な人〔物〕もある
□□ *some ...,* *other(s)* ~		…もいれば〔あれば〕，~もいる〔ある〕
□□ magic [mǽdʒik **マヂク**]	形	魔術の，奇術の
□□ **other** [ʌ́ðər **アザ**]	代	ほかのもの〔人〕，別の物〔人〕 ■複数形は others
◇◇ dress [drés **ドレス**]	動	服を着る
◇◇◇ **up** [ʌ́p **アプ**]	副	良くなって ★改良・向上を表す
□□ **as** [ǽz **アズ**]	前	…として，…の時に；…のように
□□ statue [stǽtʃuː **スタチュー**]	名	像，彫像 ■複数形は statues

USE Write English Camp の申込書(もうしこみしょ)を記入しよう

○○ **birthday** [bə́ːrθdèi **バースデイ**]	名	誕生日，〔形容詞的に〕誕生日の
□□ age [éidʒ **エイヂ**]	名	(人間・動物・物の)年齢
□□ level [lévəl **レヴェル**]	名	(能力・地位などの)水準
□□ low [lóu **ロウ**]	形	(賃金・点数・温度・速度などが)低い ⇔high 形 高い

Some street performers do **magic** tricks. **Others dress up as statues**.
マジックをする大道芸人もいれば，像のかっこうをする人もいます。

教 p.76

book [búk ブク]	名	本，書物 ■複数形は books
Peter Rabbit [píːtər rǽbət ピータ ラビト]	名	ピーターラビット ★『ピーターラビットのお話』に出てくるウサギの 名前

USE Speak　サイコロトークをしよう

homeroom [hóumrù:m **ホウムルーム**]	名	(各クラスの)ホームルーム
neighbor [néibər **ネイバ**]	名	近所の人 ❶neigh-のghは発音しない
morning [mɔ́:rniŋ **モーニング**]	名	朝；午前
evening [í:vniŋ **イーヴニング**]	名	夕方，晩

Take Action! Listen 2　競技場のアナウンス

here [híər **ヒア**]	副	さあ，そら ★間投詞のように用いる
Here *is [are]*		ここに…があります。
reminder [rimáindər リ**マ**インダ]	名	思い出させるもの
talk [tɔ́:k **トーク**]	動	話す，しゃべる，話をする
mobile [móubəl **モウビル**]	形	移動可能な
phone [fóun **フォウン**]	名	電話(機)

📖 p.77

My **homeroom** teacher, Mr. Oka, likes hip-hop dance.
担任の丘先生はヒップホップダンスが好きです。

Ms. Yamada is my **neighbor**.
山田さんは**ご近所さん**です。

She walks the dog every **morning** and **evening**.
彼女は毎日**朝**と**晩**に，犬を散歩させます。

📖 p.78

mobile phone [móubəl fóun **モ**ウビル **フォ**ウン]	名	携帯電話
during [djúəriŋ **デュ**アリング]	前	…じゅうずっと
performance [pərfɔ́:rməns パ**フォー**マンス]	名	上演，演奏，演技 ■複数形は performances
◇ **any** [éni **エ**ニ]	形	どんな…も ★肯定文で用いたとき
seat [sí:t **スィ**ート]	名	席，すわる物〔所〕

115

Take Action! Talk 2　またあとでね

plan [plǽn　プラン]	名	予定 ■複数形は plans
today [tədéi　トゥデイ]	名 副	きょう(は)
start [stáːrt　スタート]	動	始める；始まる
o'clock [əklák　オクラク]	副	…時
oh [óu　オウ]	間	おお，ああ，まあ！，あら！ ★喜び，怒り，驚き，願いなどの感情を表す
◇ no ◇ [nóu　ノウ]	副	まさか，うそだろう？ ★強い驚きや信じられない気持ちを表す
Oh no!		まさか！
◇ to ◇ [túː　トゥー]	前	…に；…に対し；…に(とって)は ★相手・対象を表す
later [léitər　レイタ]	副	あとで，のちほど
I have to go.		行かなければなりません。
Time to go.		行く時間です。
uh-huh [əhʌ́　アハ]	間	うんうん，なるほど

GET Plus 3　どちらがほしいですか

shaved ice [ʃèivd áis シェイヴド アイス]	名	かき氷

What are your _____ ? — I have soccer
practice.
今日，あなたの**予定**は何ですか。—私はサッカーの練習があります。

What time does it _____ ?
それは何時に**始まります**か。

It starts at two _____ .
それは 2 **時**に始まります。

ああ！

Talk ___ you _____ .
また**あと**で話しましょう。

I want shaved ice.
ぼくは**かき氷**がほしいな。

☐ **which** ☐ [hwítʃ (ホ)**ウィ**チ]	代	どちらを, どれを
☐ strawberry ☐ [strɔ́:bèri ストロ**ー**ベリ]	名	イチゴ
☐ lemon ☐ [lémən **レ**モン]	名	レモン

Word Bank 食べものや飲みものに関することば

☐ sweet ☐ [swí:t ス**ウィ**ート]	形	甘い
☐ mild ☐ [máild **マ**イルド]	形	おだやかな；(味が)まろやかな
◇ **hot** ◇ [hát **ハ**ト]	形	(味が)ぴりっと辛い
☐ rare ☐ [réər **レ**ア]	形	(肉が)生焼けの, レアの
☐ well-done ☐ [wél dʌ́n **ウェ**ル **ダ**ン]	形	(肉が)よく焼けた, 十分に煮えた
☐ weak ☐ [wí:k **ウィ**ーク]	形	弱い；(液体などが)薄い ⇔strong 形 濃い
○ **strong** ○ [strɔ́:ŋ スト**ロ**ーング]	形	(味・においなどが)濃い ⇔weak 形 薄い
☐ salty ☐ [sɔ́:lti **ソ**ールティ]	形	塩気のある, 塩辛い

Which do you want, **strawberry** or **lemon**? ― I want **lemon**.
いちごか**レモン**，**どちら**がほしい？―**レモン**がほしいな。

📖 p.81

juicy [dʒúːsi チュースィ]	形	水分がたっぷりの，おいしそうな
soft [sɔ́ːft ソーフト]	形	やわらかい ⇔hard 形 かたい
hard [háːrd ハード]	形	かたい ⇔soft 形 やわらかい
crisp [krísp クリスプ]	形	(食べものが)ぱりぱり〔かりかり，さくさく〕した
fresh [fréʃ フレシュ]	形	出来立ての；新鮮な
sticky [stíki スティキ]	形	ねばねばする，べとべとする
creamy [kríːmi クリーミ]	形	クリームのような

CHECK IT OUT!

Lesson 4 GET Part 1
pp.69~71

(1)		家族，家族の者たち
(2)		親，両親
(3)		彼〔彼女，それ〕らは〔が〕
(4)		（車を）運転する
(5)		そこに〔で，へ〕
(6)		教える
(7)		生徒，学生
(8)		通り，道
(9)		doの3人称単数現在形
(10)		haveの3人称単数現在形
(11)		時刻，時間
(12)		ネコ
(13)	h	ふるさと，故郷
(14)	t	これらのもの〔人〕
(15)	S	スコットランド
(16)	t	それら，あれら
(17)	What _____ ...?	何時
(18)	_____ about you?	あなたはどうですか。

① 月 日	／18点	② 月 日	／18点	③ 月 日	／18点

Lesson 4 GET Part 2
pp.72~73

(1)		彼（女）らを〔に〕，それらを〔に〕
(2)		大学
(3)		ページ

(4)	_____	くつ
(5)	_____	早く，早めに
(6)	_____	(よく)見る，視線を向ける
(7)	_____	(…が)ほしい，望む
(8)	_____	(犬などを)散歩させる
(9)	b _____	バグパイプ
(10)	t _____	伝統的な
(11)	i _____	楽器
(12)	b _____	…のものである，…に所属している
(13)	p _____	ペット
(14)	c _____	クリケット
(15)	_____	does not の短縮形
(16)	_____ school	学校で
(17)	belong _____ ...	…に所属している
(18)	look _____ ...	…を見る

① 月 日 /18点	② 月 日 /18点	③ 月 日 /18点

Lesson 4 USE Read
教 pp.74~75

(1)	_____	場所，所，地域
(2)	_____	(しっかり)持っている，にぎる
(3)	_____	1時間，60分
(4)	_____	聞こえる，聞く
(5)	_____	背が高い，(細長く)高い
(6)	_____	時計
(7)	_____	小さい，(面積が)狭い

CHECK IT OUT!

(8)	_____	大きい，重要な
(9)	_____	短い
(10)	_____	身につけている，着ている
(11)	_____	もう1つの，別の
(12)	_____	ほかのもの〔人〕，別の物〔人〕
(13)	_____	…として，…の時に，…のように
(14)	_____	夏
(15)	t_____	塔，タワー
(16)	b_____	鈴，鐘
(17)	m_____	メロディー，旋律
(18)	m_____	魔術の，奇術の
(19)	s_____	像，彫像
(20)	_____ ..., other(s) ～	…もいれば，～もいる

① 月 日	／20点	② 月 日	／20点	③ 月 日	／20点

Lesson 4 USE Write

📖 p.76

(1)	_____	年齢
(2)	_____	水準
(3)	_____	低い
(4)	_____	誕生日，〔形容詞的〕誕生日の
(5)	_____	本，書物

① 月 日	／5点	② 月 日	／5点	③ 月 日	／5点

Lesson 4 USE Speak

教 p.77

(1)	_____	夕方，晩
(2)	_____	朝，午前
(3)	h _____	(各クラスの)ホームルーム
(4)	n _____	近所の人

① 月 日	／4点	② 月 日	／4点	③ 月 日	／4点

Take Action! Listen 2

教 p.78

(1)	_____	話す，しゃべる
(2)	_____	移動可能な
(3)	_____	電話(機)
(4)	_____	…じゅうずっと
(5)	r _____	思い出させるもの
(6)	m _____ p _____	携帯電話
(7)	p _____	上演，演奏，演技
(8)	s _____	席，すわる物〔所〕

① 月 日	／8点	② 月 日	／8点	③ 月 日	／8点

Take Action! Talk 2

教 p.79

(1)	_____	予定
(2)	_____	きょう(は)
(3)	_____	始める，始まる
(4)	_____	…時
(5)	_____	あとで，のちほど
(6)	o _____	おお，ああ，まあ！，あら！

CHECK IT OUT!

(7)　Oh, _____ !　　　　　　　まさか！

| ① 月 日 | ／7点 | ② 月 日 | ／7点 | ③ 月 日 | ／7点 |

GET Plus 3　　　　　　　　　　　　　　　　　教 p.80

(1)　_____　どちらを，どれを
(2)　s_____i_____　かき氷

| ① 月 日 | ／2点 | ② 月 日 | ／2点 | ③ 月 日 | ／2点 |

Word Bank　　　　　　　　　　　　　　　　　教 p.81

(1)　_____　(味・においなどが)濃い
(2)　_____　やわらかい
(3)　_____　かたい
(4)　m_____　おだやかな，(味が)まろやかな
(5)　r_____　(肉が)生焼けの，レアの
(6)　w_____　弱い，(液体などが)薄い
(7)　j_____　水分がたっぷりの，おいしそうな
(8)　c_____　ぱりぱり〔かりかり〕した
(9)　s_____　ねばねばする，べとべとする
(10)　c_____　クリームのような

| ① 月 日 | ／10点 | ② 月 日 | ／10点 | ③ 月 日 | ／10点 |

■ 動詞の3人称単数現在形の作り方

　動詞の3人称単数現在形（3単現）は原則として動詞の原形（もとの形）に(e)sをつけます。名詞の複数形を作る場合（75ページ）と同様です。

＊母音字とは，母音を表すつづり字a, e, i, o, uのことで，これ以外はすべて子音字です。

① 原形の語尾にそのままsをつける
　　looks[-s]　eats[-ts]　lives[-z]　sees[-z]
　　＊語尾が[母音字＋y]の動詞はsをつける
　　　plays[-z]　enjoys[-z]

② 語尾にesをつける
　　washes[-iz]　catches[-iz]
　　＊語尾が[子音字＋o]の動詞はesをつける
　　　goes[góuz]　does[dʌz]

③ 語尾のyをiに変えてesをつける
　　study→studies[-iz]　carry→carries[-iz]

④ 形を変える動詞
　　have→has

Lesson 5 ▸ School Life in the U.S.A. GET Part 1

☐☐☐ **life** [láif **ライフ**]	名	生活，暮らし
☐☐ **choose** [tʃúːz **チューズ**]	動	選ぶ，選択する
☐☐ **own** [óun **オウン**]	形	自分（自身）の ★所有を強調する
☐☐ **class** [klǽs **クラス**]	名	授業 ■複数形は classes
☐☐ **different** [dífərənt **ディファレント**]	形	違った，別の；いろいろな，様々な ⇔same 形 同じ，よく似た
☐☐ schedule [skédʒuːl **スケ**デュール]	名	（学校の）時間割，スケジュール
◇◇◇ **look** [lúk **ルク**]	動	ごらん，ほら，ちょっといいですか ★命令文で使って相手の注意を促す
◇◇◇ **is** [íz **イズ**]	助	…している；（近い未来）…しようとしている ■現在進行形〔is＋動詞の -ing 形〕の形で用いる
☐☐ flute [flúːt **フルート**]	名	フルート
◖◖◖ case [kéis **ケイス**]	名	ケース，箱，…入れ
◖◖◖ girl [gə́ːrl **ガール**]	名	女の子，少女
☐☐ carry [kǽri **キャ**リ]	動	持っている，運ぶ ■-ing 形は carrying

School Life in the U.S.A.
「アメリカ合衆国の学校生活」

Students choose their own classes at this school.
この学校では，生徒が自分自身の授業を選びます。

Every student has a different schedule.
すべての生徒が異なる時間割を持っています。

Look.
見てください。

❂ This boy is going to his music class.
この男の子は自分の音楽の授業に行くところです。

❂ He is holding a flute case.
彼はフルートケースを持っています。

❂ This girl is carrying her gym shoes for P.E. class.
この女の子は体育の授業のための自分の体育館履きを運んでいます。

◇◇◇ **it** [ít **イト**]	代	■ばく然と「天候・気温」「時間」「距離」などを表す用法
□□ Japan [dʒəpǽn **ヂャパン**]	名	日本
□□ p.m. [píːém **ピーエム**]	《略》	午後
□□ Sunny [sʌ́ni **サニ**]	名	サニー ★人の名前
□□ a.m. [éiém **エイエム**]	《略》	午前
□□ Kevin [kévin **ケヴィン**]	名	ケビン ★男性の名前
□□ New Delhi [njùː déli ニューデリ]	名	ニューデリー ★インド共和国の首都

GET Part 2

◇◇◇ **are** [áːr **アー**]	助	…している，（近い未来）…しようとしている ■現在進行形〔are＋動詞の -ing 形〕の形で用いる
◇◇◇ these [ðíːz **ズィーズ**]	形	これらの，この，このような
□□ **bring** [bríŋ **ブリング**]	動	（物を）持ってくる，（人を）連れてくる
○○ **buy** [bái **バイ**]	動	買う
□□ cafeteria [kæfətíəriə **キャフェティアリア**]	名	カフェテリア ★セルフサービスの食堂；欧米では学校・会社などでよく見られる

It's five o'clock in Wakaba City, **Japan**.
日本のわかば市は5時です。

☐ Seattle ☐ [siǽtl　スィ**ア**トル]	名	シアトル ★アメリカの都市の名前
◇ **be** ◇ [bíː　**ビー**]	動	(…に)いる，(…に)ある
☐ **sleep** ☐ [slíːp　ス**リー**プ]	動	眠る，睡眠をとる
☐ curry ☐ [kə́ːri　**カー**リ]	名	カレー料理
◇ **to** ◇ [túː　**トゥー**]	前	…に合わせて，…に合って ★一致を表す

教 pp.86~87

✿ **Are these** students eating lunch? — Yes, they **are**.
この生徒たちは昼食を食べ**ているのですか**。—はい，**そうです**。

Some students **bring** lunch from home.
家からお弁当を**持ってくる**生徒もいます。

Others **buy** lunch at the **cafeteria**.
カフェテリアで昼食を**買う**生徒もいます。

☐☐ he's [híːz **ヒーズ**]		he is の短縮形
☐☐ taco [táːkou **ターコウ**]	名	タコス ★トルティーヤに肉・野菜などをはさんだメキシコ料理
◇◇◇ popular [pápjələr **パピュラ**]	形	大衆的な, 一般的な
☐☐ Mexico [méksikòu **メ**クスィコウ]	名	メキシコ ★北アメリカ南端の合衆国；首都はメキシコ・シティー；公用語はスペイン語

☐☐ poster [póustər **ポ**ウスタ]	名	ポスター
◇◇ on [án **アン**]	前	…で, …によって ★手段・道具を表す
☐☐ sandwich [sǽndwitʃ **サ**ンドウィチ]	名	サンドウィッチ ■複数形は sandwiches

USE Read　リサからのメール

◇◇◇ subject [sʌ́bdʒikt **サ**ブヂクト]	名	主題, テーマ
☐☐ after [ǽftər **ア**フタ]	前	…のあとに [の], …以降に
after school		放課後
◇◇◇ of [áv **アヴ**]	前	…の ★意味上の主語・目的語を表す
☐☐ thing [θíŋ **ス**ィング]	名	物；事 ■複数形は things

He's eating a taco.
彼は**タコス**を食べ**ています**。

It's a popular food from Mexico.
それは**メキシコ**から来た**一般的な**食べものです。

listen to ...	…を聞く
radio	名 ラジオ
[réidiou **レイディオウ**]	

教 pp.88~89

Subject: Life after School
題名：放課後の過ごし方

Here are pictures of my friend and me.
ここに私の友だちと私**の**写真があります。

We do many things after school.
私たちは放課後にいろいろな**事**をします。

◇ ◇ **am** [ǽm アム]	助	…している，（近い将来）…しようとしている ■現在進行形〔am＋動詞の-ing形〕の形で用いる
work [wə́ːrk ワーク]	動	働く，仕事をする，勉強する，努力する ■-ing形はworking
volunteer [vàləntíər ヴァランティア]	名	ボランティア
◇ ◇ **with** [wíð ウィズ]	前	…といっしょに，…とともに ★共同を表す
child [tʃáild チャイルド]	名	（大人に対して）子ども
children [tʃíldrən チルドレン]	名	child（子ども）の複数形
lovely [lʌ́vli ラヴリ]	形	美しい，かわいい

next [nékst ネクスト]	形	次の，今度の；となりの
throw [θróu スロウ]	動	投げる ■-ing形はthrowing
◇ ◇ **other** [ʌ́ðər アザ]	形	（2つの中の）もう一方の…； （3つ以上の中の）残りの ■〔the other＋名詞〕の形で用いる
sprint [sprínt スプリント]	名	短距離走
◇ ◇ **on** [án アン]	前	…について（の）；…の一員で ★関連・所属を表す
team [tíːm ティーム]	名	チーム，（いっしょに活動する）団，組
fall [fɔ́ːl フォール]	名	秋

I am **working** as a **volunteer**.
私は**ボランティア**として**働いています**。

I am reading a book **with** a **child**.
私は**子どもといっしょに**本を読んでいます。

She is **lovely**.
彼女は**かわいい**です。

My friend, Kevin, is in the **next** two pictures.
私の友だちのケビンは，**次の**2枚の写真に写っています。

In one picture, he is **throwing** a football.
1枚目の写真では，彼はフットボールを**投げ**ています。

In the **other** picture, he is running a **sprint**.
もう一方の写真では，彼は**短距離走**をしています。

He is **on** the football **team** in the **fall**.
彼は，**秋**にはフットボール**チームに所属して**います。

spring [spríŋ スプリング]	名	春
track [trǽk トラク]	名	走路, トラック
field [fíːld フィールド]	名	(陸上競技場で走路の内側の)フィールド
track and field [trǽk ənd fíːld トラ ク アン(ド) フィールド]	名	陸上競技
please [plíːz プリーズ]	副	どうぞ, すみませんが, お願いいたします
e-mail [íːmèil イーメイル]	名	Eメール ■electronic mail の短縮形
Lisa [líːsə リーサ]	名	リサ ★女性の名前

USE Write　学校生活や行事を紹介(しょうかい)するメールを書こう

everyone [évriwàn エヴリワン]	代	だれでも, みんな ★単数として扱う

Take Action! Listen 3　映画の紹介

twin [twín トウィン]	形	ふたごの
wizard [wízərd ウィザド]	名	魔法使い ■複数形は wizards
special [spéʃəl スペシャル]	形	特別の, 特殊な；大事な
power [páuər パウア]	名	力

In the **spring**, he is on the **track and field** team.
春には，彼は**陸上競技**チームにいます。

Please send an **e-mail** to me.
どうぞ，私に**メール**を送ってくださいね。

Your friend, Lisa
あなたの友だち **リサ**より

📖 pp.90~91

Everyone eats the same thing.
みんなが同じものを食べます。

📖 p.92

solve [sálv **サルヴ**]	動	(問題などを)解決する，解く
problem [prábləm **プラブレム**]	名	問題；やっかいなこと ■複数形は problems
together [təgéðər **トゲザ**]	副	いっしょに
help [hélp **ヘルプ**]	動	手伝う，助ける

Take Action! Talk 3 　青いTシャツはいかがですか

may [méi **メイ**]	助	…してもよい ★許可を表す
May I help you?		(店員が客に対して)お手伝いしましょうか。
Yes, please.		はい，お願いします。
for [fɔ́:r **フォー**]	前	…を得ようと，…を求めて ★目的を表す
look for ...		…をさがす
T-shirt [tíːʃəːrt **ティーシャート**]	名	Tシャツ
How about ...?		…はどうですか。
one [wʌ́n **ワン**]	代	(同じ種類のもののうち)1つ
design [dizáin **ディザイン**]	名	デザイン，図案；設計，設計図
but [bʌ́t **バト**]	接	しかし，だが，けれども
then [ðén **ゼン**]	副	それなら，その場合には，そうすると
white [hwáit （ホ）**ワイト**]	名 形	白(の)
perfect [pə́:rfikt **パーフィクト**]	形	完全な，申し分ない

May I help you?
お手伝いしましょうか。

Yes, please.
はい，お願いします。

I'm **looking for** a **T-shirt**.
私は **T シャツ**をさがしています。

How about this blue **one?**
この青い**もの**はどうですか。

I like the **design, but** I don't like the color.
私はその**デザイン**は好きです**が，**色が好きではありません。

Then, how about this **white** one?
それでは，この**白い**ものはどうでしょうか。

Perfect.
申し分ありません。

☐☐ **suggest** [səgdʒést サグ**チェ**スト]	動	提案する
◇◇◇ **too** [tú: **トゥー**]	副	あまりに(も) (…すぎる)

GET Plus 4   これはだれの鍵(かぎ)ですか

☐☐ whose [hú:z **フーズ**]	代	だれの
☐☐ mine [máin **マイン**]	代	私のもの
☐☐☐ (Riku)'s		(陸)の ■名詞の所有格を作る
◇◇◇ his [híz **ヒズ**]	代	彼のもの

Word Bank   「…のもの」を表すことば (所有代名詞) ／身近なもの

☐☐ theirs [ðéərz **ゼアズ**]	代	彼(女)らのもの；それらのもの
☐☐ hers [hə́:rz **ハーズ**]	代	彼女のもの
☐☐ ours [áuərz **アウアズ**]	代	私たちのもの
☐☐ textbook [tékstbuk **テ**クストブク]	名	教科書
☐☐ pencil [pénsl **ペンスル**]	名	鉛筆

Whose key is this?
これは**だれの**鍵ですか。

It's not **mine**.
それは**私のもの**ではありません。

It's Riku's.
それは陸**の**です。

It's **his**.
それは**彼のもの**です。

workbook [wə́ːrkbùk **ワークブク**]	名	(学習用)ワークブック
dictionary [díkʃənèri **ディクショネリ**]	名	辞書，辞典
water [wɔ́ːtər **ウォータ**]	名	水
bottle [bátl **バトル**]	名	びん

CHECK IT OUT!

Lesson 5 GET Part 1

(1)	_____	生活
(2)	_____	選ぶ
(3)	_____	自分(自身)の
(4)	_____	授業
(5)	_____	違った
(6)	_____	運ぶ
(7)	_____	ケース
(8)	_____	女の子
(9)	_____	眠る
(10)	s_____	スケジュール
(11)	f_____	フルート

① 月　日	／11点	② 月　日	／11点	③ 月　日	／11点

Lesson 5 GET Part 2

教 pp.86~87

(1)	_____	(物を)持ってくる
(2)	_____	買う
(3)	_____	ラジオ
(4)	c_____	カフェテリア
(5)	M_____	メキシコ
(6)	p_____	ポスター
(7)	_____	he isの短縮形
(8)	listen _____ ...	…を聞く

① 月　日	／8点	② 月　日	／8点	③ 月　日	／8点

Lesson 5 USE Read

(1) _____ .	物, 事
(2) _____	…のあとに[の]
(3) _____	働く
(4) _____	子ども
(5) _____	「子ども」の複数形
(6) _____	美しい, かわいい
(7) _____	次の
(8) _____	投げる
(9) _____	チーム
(10) _____	Eメール
(11) _____	秋
(12) _____	春
(13) _____	フィールド
(14) _____ _____ _____	陸上競技
(15) _____	どうぞ
(16) v_____	ボランティア
(17) s_____	短距離走
(18) _____ school	放課後

① 月 日	／18点	② 月 日	／18点	③ 月 日	／18点

Lesson 5 USE Write

教 pp.90~91

(1) _____	みんな

① 月 日	／1点	② 月 日	／1点	③ 月 日	／1点

CHECK IT OUT!

Take Action! Listen 3
教 p.92

(1)		力
(2)		問題
(3)		いっしょに
(4)		手伝う
(5)		特別の
(6)	t	ふたごの
(7)	w	魔法使い
(8)	s	解決する

① 月 日	／8点	② 月 日	／8点	③ 月 日	／8点

Take Action! Talk 3
教 p.93

(1)		…してもよい
(2)		それなら
(3)		提案する
(4)		しかし
(5)		白(の)
(6)	d	デザイン
(7)	p	完全な
(8)	May _____ _____ you?	いらっしゃいませ。
(9)	Yes, _____.	はい，お願いします。
(10)	look _____ ...	…をさがす

① 月 日	／10点	② 月 日	／10点	③ 月 日	／10点

(1) _____　私のもの

(2) w _____　だれの

① 月 日	／2点	② 月 日	／2点	③ 月 日	／2点

Word Bank　　教 p.95

(1) _____　私たちのもの

(2) _____　びん

(3) _____　水

(4) t _____　彼(女)らのもの；それらのもの

(5) h _____　彼女のもの

(6) t _____　教科書

(7) w _____　(学習用)ワークブック

(8) d _____　辞書，辞典

① 月 日	／8点	② 月 日	／8点	③ 月 日	／8点

コラム

■動詞の -ing形の作り方

① 原形の語尾にそのまま ing をつける

show → showing　sing → singing　carry → carrying

② 語尾の e をとって ing をつける

drive → driving　move → moving

＊語尾が [母音字＋e] の動詞にはそのまま ing をつける

see → seeing

③ 語尾の文字を重ねて ing をつける

swim → swimming

Lesson 6 ▶ Discover Japan　GET Part 1

GET Part 1

☐☐ discover [diskʌ́vər ディスカヴァ]	動	発見する

year [jíər　イア]	名	年，1年(間)
went [wént　ウェント]	動	go(行く)の過去形
saw [sɔ́:　ソー]	動	see(見る)の過去形
beautiful [bjú:təfəl ビューティフル]	形	美しい，きれいな
ate [éit　エイト]	動	eat(食べる)の過去形
delicious [dilíʃəs ディリシャス]	形	(とても)おいしい
☐☐ join [dʒɔ́in　ヂョイン]	動	参加する，加わる ■過去形はjoined
☐☐ event [ivént　イヴェント]	名	(重要な)出来事；行事 ■複数形はevents
◇◇◇ have [hǽv　ハヴ]	動	(経験として)持つ，…する； (病気に)かかっている
☐☐ had [hǽd　ハド]	動	have(持つ)の過去形・過去分詞
☐☐ experience [ikspíəriəns イクスピアリエンス]	名	体験，経験 ■複数形はexperiences

Discover Japan
「日本を**発見しよう**」

✪ This **year** my family and I **went** to many places in Japan.
今**年**，私の家族と私は日本のたくさんの場所に**行きました**。

✪ We **saw beautiful** things and **ate delicious** food.
私たちは，**美しい**ものを**見たり**，**おいしい**食べものを**食べ**たりしました。

✪ We **joined** traditional **events**.
私たちは伝統的な**行事**に**参加しました**。

✪ We **had** great **experiences**.
私たちはすばらしい**経験**を**しました**。

145

◇◇ **learn** [lə́ːrn ラーン]	動	知る，聞く ■過去形は learned
lot [lát ラト]	名	たくさん；たいへん，とても ★a lot または lots で用いる
a lot		たくさん，とても
Amy [éimi エイミ]	名	エイミー ★女性の名前
karaoke [kærióuki カリ**オ**ウキ]	名	カラオケ
last [lǽst ラスト]	形	(時間的に)この前の；最近の ★名詞の前に用いる

bridge [brídʒ ブリヂ]	名	橋
view [vjúː ヴュー]	名	景色
night [náit ナイト]	名	夜，晩
◇◇ sweet [swíːt スウィート]	名	甘い菓子 ★この意味ではふつう複数形 sweets で用いる
◇◇ **spring** [spríŋ スプリング]	名	泉 ■複数形は springs
hot spring [hát spríŋ **ハ**ト スプ**リ**ング]	名	温泉 ■複数形は hot springs
visit [vízət ヴィズィト]	動	(場所を)訪れる，見物に行く〔来る〕 ■過去形は visited
cross [krɔ́ːs クロース]	動	渡る

○ ☆ I **learned a lot** about Japan.
私は日本について**たくさん学びました。**

Amy enjoys **karaoke** every Sunday.
エイミーは毎週日曜日に**カラオケ**を楽しみます。

☆ Amy enjoyed karaoke **last** Sunday.
エイミーは**この前の**日曜日にカラオケを楽しみました。

◇ Chinese ◇ [tʃàiníːz チャイニーズ]	形	中国の，中国人〔語〕の
picnic [píknik **ピクニク**]	名	ピクニック
cleaner [klíːnər **クリーナ**]	名	そうじ機
history [hístəri **ヒストリ**]	名	歴史；経歴
drop [dráp **ドラプ**]	動	落とす；落ちる
wallet [wálət **ワレト**]	名	さいふ，札入れ
sushi [súːʃi **スーシ**]	名	すし
Mt. [máunt **マウント**]	《略》	…山 ★山の名前の前につける

| ◇ **watch**
◇ ◇ [wátʃ **ワチ**] | 名 | (携帯用の)腕時計，時計 |

GET Part 2

☐ **did** ☐ ☐ [díd **ディド**]	動 助	doの過去形
☐ trip ☐ [tríp **トリプ**]	名	旅行
☐ sightseeing ☐ [sáitsì:iŋ **サイトスィーイング**]	名	観光，見物
☐ shopping ☐ [ʃápiŋ **シャピング**]	名	買い物
◇ **this** ◇ ◇ [ðís **ズィス**]	代	これを〔に〕
☐ blog ☐ [blɔ́:g **ブローグ**]	名	ブログ ★weblogの略。個人の日記を公開したり意見交換できるウェブサイトのこと
◇ **what** ◇ ◇ [hwát (ホ)**ワト**]	形	なんと(いう)…! ★感嘆文で用いる
☐ **pretty** ☐ [príti **プリティ**]	形	かわいい，きれいな
☐ scarf ☐ [ská:rf **スカーフ**]	名	スカーフ；えり巻き
◇ **thank** ◇ ◇ [θǽŋk **サンク**]	名	感謝 ★複数形thanksの形で用いる
☐ didn't ☐ [dídnt **ディドント**]		did notの短縮形

□ **bought**
□ [bɔ́:t ボート]

動 buy(買う)の過去形・過去分詞

✪ **Did** you enjoy your **trip**? — Yes, I **did**.
旅行を楽しみ**ましたか**。—はい，**楽しみました**。

I enjoyed **sightseeing** and **shopping**.
私は**観光**と**買い物**を楽しみました。

I bought **this**.
私は**これを**買いました。

I saw it on your **blog**.
私はあなたの**ブログ**でそれを見ました。

What a **pretty scarf**!
なんてかわいいスカーフでしょう。

Thanks.
ありがとう。

□□ penguin [péngwən **ペ**ングウィン]	名	ペンギン ■複数形は penguins
□□ **took** [túk **トゥク**]	動	take((写真などを)とる)の過去形
◇◇ game [géim **ゲ**イム]	名	試合，競技；〔games〕競技大会
□□ aquarium [əkwéəriəm アク**ウェ**アリアム]	名	水族館
□□ hang [hǽŋ **ハ**ング]	動	ぶら下げる
◇◇ **out** [áut **ア**ウト]	副	外へ，外に；〔場所を表して〕外で ★外部への動きを表す
□□ *hang out*		ぶらぶらと過ごす
□□ win [wín **ウィ**ン]	動	勝つ，受賞する
□□ match [mǽtʃ **マ**チ]	名	試合

USE Read Fireworks in Nagaoka / Trip to Takamatsu

□□ firework [fáiərwə̀:rk **ファ**イアワーク]	名	花火，花火大会 ★複数形 fireworks で用いる
◆◆ visit [vízət **ヴィ**ズィト]	動	(人を)訪問する，訪ねる ■過去形は visited

Oh, did you see **penguins**?
ああ，あなたは**ペンギン**は見ましたか。

Yes, I did. I **took** many pictures.
はい，見ました。私はたくさんの写真を**とりました**。

Hawaii ［həwάii: ハワイイー］	名	ハワイ ★アメリカの州の名前
take ［téik　テイク］	動	〔交通手段としてとる〕乗る；…に乗っていく； （道・コースを）とっていく
bus ［bʌ́s　バス］	名	バス
yesterday ［jéstərdei **イェ**スタデイ］	副	きのう（は）
ago ［əgóu　ア**ゴ**ウ］	副	（今から）…前に
week ［wíːk　**ウィ**ーク］	名	週，1週間 ■複数形はweeks

教 pp.102~103

Fireworks in Nagaoka
「長岡の**花火**」

I **visited** a friend in Nagaoka, Niigata.
私は，新潟県の長岡市の友だちを**訪ねました**。

say [séi **セイ**]	動	言う，話す，述べる	
said [séd **セド**]	動	say（言う）の過去形・過去分詞 ❶ saidのaiは[e]と発音する	
here [híər **ヒア**]	副	ここにいる，この ★この意味では名詞のすぐあとにおいて用いる	
die [dái **ダイ**]	動	死ぬ ★お悔やみのあいさつや手紙などでは遠回しな表現pass awayなどが使われる ■過去形はdied	
war [wɔ́ːr **ウォー**]	名	戦争，戦い	
remember [rimémbər **リメンバ**]	動	覚えている，忘れていない；思い出す	
pray [préi **プレイ**]	動	祈る，祈願する	
peace [píːs **ピース**]	名	平和	
that [ðǽt **ザト**]	代	それを〔に〕，あれを〔に〕	
touch [tʌ́tʃ **タチ**]	動	胸〔心〕を打つ，感動させる ■過去形はtouched	
heart [háːrt **ハート**]	名	心臓；心	
touch one's *heart*		（人）の心を感動させる	

My friend **said**, "In August 1945, many people **here died** in the **war**. With these fireworks, we **remember** them and **pray** for **peace**."

友だちは，「1945年8月に，**この地域の多くの人々が戦争で死んだんだ**。
これらの花火で，私たちは彼らのことを**思い出し**，そして**平和を祈るんだよ**」
と**言いました**。

I didn't know **that**.
私は**それ**を知りませんでした。

The fireworks **touched my heart**.
その花火は**私を感動させました**。

☐☐ *take a trip to ...*		…へ旅行する
☐ all [ɔ́:l **オール**]	形	すべての，全部の
☐☐ step [stép **ステプ**]	名	(階段・はしごの) (踏み)段；(ふつう屋外の)階段 ■複数形は steps
☐ wait [wéit **ウェイト**]	動	待つ ■過去形は waited
⬡⬡ shop [ʃáp **シャプ**]	名	小売店，店
◇◇ then [ðén **ゼン**]	副	それから，次に，そのあとで
☐ all [ɔ́:l **オール**]	代	すべてのもの〔こと〕，すべての人
☐ spaghetti [spəɡéti スパ**ゲ**ティ]	名	スパゲッティ
☐ thick [θík **スィク**]	形	分厚い，太い
☐ made [méid **メイド**]	動	make(作る)の過去形・過去分詞
◇◇ for [fɔ́:r **フォー**]	前	…の間 ★期間・距離を表す
◇◇ time [táim **タイム**]	名	…度，…回
☐☐ *for the first time*		初めて

My family **took a trip to** Takamatsu, Kagawa.
私の家族は香川県の高松市**へ旅行しました**。

My brother and I climbed **all** 1,368 **steps**.
私の弟と私は 1,368 **段**ある**すべての**階段を上りました。

My parents **waited** in a sweet **shop**.
両親は，菓子**店**で**待っていました**。

Then we **all** joined an *udon* class.
それから，私たちは**みんな**でうどん教室に参加しました。

Udon is like **spaghetti**, but *udon* is soft and **thick**.
うどんは**スパゲッティ**のようですが，柔らかくて**太い**のです。

I **made** it **for the first time**.
私は**初めて**それを**作りました**。

USE Write 思い出を絵日記に書こう

best [bést ベスト]	形	最もよい，最高の ★good（よい），well（健康である）の最上級	
memory [méməri メモリ]	名	記憶；思い出	
grandmother [grǽndmλðər グランドマザ]	名	祖母，おばあさん	
house [háus ハウス]	名	家，住宅	
swam [swǽm スワム]	動	swim（泳ぐ）の過去形	
cousin [kʌ́zən カズン]	名	いとこ ■複数形は cousins	
try [trái トライ]	動	（いいかどうかを）試す，試みる ■過去形は tried	
surfing [sə́ːrfiŋ サーフィング]	名	波乗り	
uncle [ʌ́ŋkl アンクル]	名	おじ	
taught [tɔ́ːt トート]	動	teach（教える）の過去形・過去分詞	

My Best Memory
「私の最高の思い出」

This summer I visited my grandmother's house.
この夏，私はおばあちゃんの家を訪れました。

I swam in the sea with my cousins.
私はいとこたちと海で泳ぎました。

I tried surfing for the first time.
私は初めてサーフィンを試しました。

My uncle taught it to me.
おじがそれを私に教えてくれました。

Take Action! Listen 4　ボイスメッセージ

card [káːrd　**カード**]	名	(ゲーム用)カード・トランプの札； (あいさつ・お祝いなどの)カード
paper [péipər　**ペイパ**]	形	紙で作った，紙の
cup [kʌ́p　**カプ**]	名	茶わん，カップ
plate [pléit　**プレイト**]	名	(浅くて丸い)皿

Take Action! Talk 4　ABC ケーキはどこですか

excuse [ikskjúːz **イクスキューズ**]	動	許す
Excuse me.		すみません。
how [háu　**ハウ**]	副	どうやって，どんな方法で，どんなふうに ★方法・手段を表す
get to ...		…に着く
cake [kéik　**ケイク**]	名	ケーキ
um [ʌ́m　**アム**]	間	うーん ★言おうとしてためらったり，話の途中でことば につまったりするときに発する音
straight [stréit　**ストレイト**]	副	まっすぐに

☐ charge ☐ [tʃáːrdʒ チャーヂ]	名	受け持ち，責任
☐ *in charge* ☐ *of ...*		…を受け持っている
☐ already ☐ [ɔːlrédi オールレディ]	副	すでに，もう

Excuse me.
すみません。

How can I get to ABC cake shop?
どのように ABC ケーキ店へ行けますか。

Um, go straight on this street.
うーん，この通りをまっすぐ進んでください。

turn [tə́:rn **ターン**]	動	向きを変える，曲がる
left [léft **レフト**]	副	左へ，左の方へ
corner [kɔ́:rnər **コーナ**]	名	(曲がり)角，すみ
on [án **アン**]	前	…に(接して〔面して〕) ★近接・位置を表す
right [ráit **ライト**]	名	右，右側 ❶ gh は発音しない。write と同じ発音
where [hwéər ⁽ホ⁾**ウェア**]	副	どこに，どこへ，どこで
where's [hwéərz ⁽ホ⁾**ウェアズ**]		where is の短縮形
right [ráit **ライト**]	副	右へ ⇔ left 副 左へ
left [léft **レフト**]	名	左，左側 ⇔ right 名 右，右側

Project 2　英語のタウンガイドを作ろう

for [fɔ́:r **フォー**]	前	…のために ★原因・理由を表す
be famous *for ...*		…で有名だ
its [íts **イツ**]	代	その，それの ★ it の所有格(「…の」の形)
luck [lʌ́k **ラク**]	名	幸運
charm [tʃá:rm **チャーム**]	名	お守り ■複数形は charms

Then **turn left** at the second **corner**.
そして2つ目の**角**を**左に曲がって**ください。

It's **on** your **right**.
それはあなたの**右側に**あります。

It's on your **left**.
それはあなたの**左側に**あります。

教 pp.110~111

The shrine **is famous for its** good **luck charms**.
その神社は**幸運のお守りで有名です。**

◇◇ **day** [déi デイ]	名	(ある特定の)日，記念日，祝祭日
☐☐ New Year's Day [njú: jìərz déi ニュー イアズ デイ]	名	元日
○○○ **tea** [tí: ティー]	名	茶，(特に)紅茶
◇◇◇ **next** [nékst ネクスト]	副	次に，今度
◇◇ **to** [tú: トゥー]	前	…に ★接触・接続を表す
☐☐☐ *next to ...*		…のとなりに〔の〕
☐☐ bakery [béikəri ベイカリ]	名	パン店
☐☐ **kind** [káind カインド]	名	種類 ■複数形は kinds
◇◇◇ **of** [áv アヴ]	前	…の(入った)，…の量の；…の(種類の) ★部分・中身・所属する要素を表す
☐☐ *... kind(s)* *of ~*		…種類の〜
☐☐ bread [bréd ブレド]	名	パン
☐☐ melon [mélən メロン]	名	メロン
☐☐ inside [insáid インサイド]	前	…の内側に；…の内部に
☐☐ snack [snǽk スナク]	名	軽食 ■複数形は snacks

Many people visit the shrine on New Year's Day.
元日にはたくさんの人がその神社を訪れます。

Enjoy delicious tea at a shop next to it.
そのとなりのお店でおいしいお茶を楽しんでください。

Wakaba Bakery
「わかばベーカリー」

You can enjoy many kinds of bread.
あなたはたくさんの種類のパンが楽しめます。

This bakery's melon bread is famous.
このパン店のメロンパンは有名です。

You can eat inside the shop.
お店の中で食べることができます。

Please visit it for lunch and delicious snacks.
ぜひ，ランチやおいしい軽食を食べに訪れてみてください。

◇ **walk**
◇
◇ [wɔ́ːk　**ウォーク**]

動　歩く，歩いて行く；散歩をする

Japanese-style
[dʒǽpənìːz stàil
ヂャパニーズ スタイル]

形　日本式の

garden
[gáːrdn　**ガードン**]

名　庭；庭園；畑：菜園

calm
[káːm　**カーム**]

形　穏やかな，静かな
❶ -lmのlは発音しない

cherry
[tʃéri　**チェリ**]

名　サクラの木；サクランボ

blossom
[blásəm　**ブラソム**]

名　〔特に果樹の〕花
■複数形は blossoms

fish
[fíʃ　**フィシュ**]

名　魚
★ふつうは単数も複数も同じ形

come from ...

…の出身である，…から生じる

local
[lóukəl　**ロウカル**]

形　地域の，その地方の

farmer
[fáːrmər　**ファーマ**]

名　農場主，農場経営者；農業をする人
■複数形は farmers

You can **walk** in a **Japanese-style garden**.
あなたは**日本庭園**の中を**歩く**ことができます。

It is **calm** and beautiful.
そこは**静か**で美しいです。

You can see lovely **cherry blossoms** in the spring.
あなたは春には美しい**桜の花**を見ることができますよ。

The shop has fresh **fish** every day!
その店には，毎日新鮮な**魚**があります！

Its rice **comes from local farmers**.
そこの米は**地域の農家から来て**います。

CHECK IT OUT!

Lesson 6 GET Part 1

教 pp.97~99

(1)		参加する，加わる
(2)		（重要な）出来事，行事
(3)		have（持つ）の過去形・過去分詞
(4)		体験，経験
(5)		たくさん，たいへん
(6)		（時間的に）この前の，最近の
(7)		年，１年（間）
(8)		go（行く）の過去形
(9)		see（見る）の過去形
(10)		美しい，きれいな
(11)		eat（食べる）の過去形
(12)		（とても）おいしい
(13)		景色
(14)		落とす，落ちる
(15)		buy（買う）の過去形・過去分詞
(16)		（場所を）訪れる
(17)		渡る
(18)		夜，晩
(19)	d	発見する
(20)	h　　　　　s	温泉
(21)	p	ピクニック
(22)	c	そうじ機
(23)	h	歴史，経歴
(24)	w	さいふ，札入れ

(25) _____ lot   たくさん，とても

① 月 日	／25点	② 月 日	／25点	③ 月 日	／25点

Lesson 6 GET Part 2   教 pp.100~101

(1)		doの過去形
(2)		かわいい，きれいな
(3)		take((写真などを)とる)の過去形
(4)		勝つ，受賞する
(5)		きのう(は)
(6)		(今から)…前に
(7)		週，1週間
(8)		試合，競技
(9)		外へ，外に，外で
(10)		バス
(11)	s	観光，見物
(12)	b	ブログ
(13)	s	スカーフ，えり巻き
(14)	p	ペンギン
(15)	h	ぶら下げる
(16)	m	試合
(17)		did notの短縮形

① 月 日	／17点	② 月 日	／17点	③ 月 日	／17点

CHECK IT OUT!

(1)	_____	「言う」の過去形・過去分詞
(2)	_____	言う，話す，述べる
(3)	_____	死ぬ
(4)	_____	覚えている，思い出す
(5)	_____	心臓，心
(6)	_____	すべての，すべてのもの〔こと，人〕
(7)	_____	待つ
(8)	_____	make（作る）の過去形・過去分詞
(9)	_____	小売店，店
(10)	w _____	戦争，戦い
(11)	p _____	祈る，祈願する
(12)	p _____	平和
(13)	s _____	（ふつう屋外の）階段
(14)	t _____	分厚い，太い
(15)	_____ one's heart	（人）の心を感動させる
(16)	_____ a trip to ...	…へ旅行する
(17)	_____ the first time	初めて

① 月 日 ／17点	② 月 日 ／17点	③ 月 日 ／17点

Lesson 6 USE Write

📖 pp.104~105

(1) _____ swim（泳ぐ）の過去形

(2) _____ teach（教える）の過去形・過去分詞

(3) _____ 家，住宅

(4) _____ （いいかどうかを）試す，試みる

(5) _____ 最もよい，最高の

(6) c_____ いとこ

(7) u_____ おじ

① 月 日	／7点	② 月 日	／7点	③ 月 日	／7点

Take Action! Listen 4

📖 p.106

(1) _____ 紙で作った，紙の

(2) _____ すでに，もう

(3) _____ （お祝いなどの）カード

(4) _____ 茶わん，カップ

(5) p_____ （浅くて丸い）皿

(6) c_____ 受け持ち，責任

① 月 日	／6点	② 月 日	／6点	③ 月 日	／6点

CHECK IT OUT!

Take Action! Talk 4

教 p.107

(1)	_____	許す
(2)	_____	まっすぐに
(3)	_____	向きを変える，曲がる
(4)	_____	左(の方)へ，左，左側
(5)	_____	(曲がり)角，すみ
(6)	_____	右へ，右，右側
(7)	_____	どこに，どこへ，どこで
(8)	_____	where is の短縮形
(9)	Excuse _____.	すみません。

① 月 日	／9点	② 月 日	／9点	③ 月 日	／9点

Project 2

教 pp.110~111

(1)	_____	その，それの
(2)	_____	種類
(3)	_____	…の内側に，…の内部に
(4)	_____	庭，庭園，菜園
(5)	_____	地域の，その地方の
(6)	_____	茶，(特に)紅茶
(7)	_____	魚
(8)	c _____	お守り
(9)	b _____	パン店
(10)	c _____	穏やかな，静かな
(11)	b _____	〔特に果樹の〕花

① 月 日	／11点	② 月 日	／11点	③ 月 日	／11点

■動詞の過去形の作り方

　過去形には，動詞の原形の語尾に(e)dをつける規則動詞と，不規則に変化する不規則動詞があります。

[規則動詞]

① 　語尾にedをつける
　　cleaned [-d]　　visited [-id]

② 　語尾がeの動詞にはdをつける
　　liked [-t]　　died [-d]

③ 　語尾が [子音字＋y] の動詞はyをiに変えてedをつける
　　carry → carried [-id]
　　＊語尾が [母音字＋y] の動詞にはそのままedをつける
　　　enjoy → enjoyed [-d]　　play → played [-d]

④ 　語尾が [短母音＋子音字] の動詞は最後の文字を重ねてedをつける
　　drop → dropped [-pt]

[不規則動詞]

　　go → went　　see → saw　　eat → ate　　have/has → had
　　buy → bought　　do → did

GET Part 1

☐☐ wheelchair [hwíːltʃèər (ホ)**ウィ**ールチェア]	名	車いす

⬡⬡⬡ was [wáz **ワ**ズ]	動	(…に)いた；(…に)あった ★am, isの過去形
☐☐ court [kɔ́ːrt **コ**ート]	名	(テニスやバスケットなどの)コート
☐☐ everybody [évribàdi **エ**ヴリバディ]	代	だれでも，みんな ★単数として扱う，everyoneより口語的
☐☐ shoot [ʃúːt **シュ**ート]	動	撃つ，射る；シュートする
☐☐ shot [ʃát **シャ**ト]	動	shoot(シュートする)の過去形・過去分詞
◇◇◇ really [ríːəli **リ**ーアリ]	副	本当に，実際に
☐☐ were [wáːr **ワ**ー]	動	…であった，…でした，…だった ★areの過去形
☐☐ amazing [əméiziŋ ア**メ**イズィング]	形	驚くべき，みごとな
⬡⬡⬡ was [wáz **ワ**ズ]	動	(…で)あった，…でした，…だった ★am, isの過去形
⬡⬡⬡ fun [fʌ́n **ファ**ン]	名	おもしろいこと，楽しさ

Wheelchair Basketball
「**車いす**バスケットボール」

〰〰〰〰〰〰〰〰〰〰〰〰〰〰〰〰〰〰〰〰〰〰〰〰

✪Today I **was** in a wheelchair basketball program
with my friends.
今日，私は友だちと車いすバスケットボールの体験プログラムに**参加しました**。

The players used special wheelchairs on the **court**.
選手たちは**コート**で特別な車いすを使っていました。

Everybody shot the ball **really** well.
みんなとても上手に**シュート**を決めていました。

✪They **were** amazing.
彼らはすばらし**かったです**。

✪It **was fun**.
それは**楽しかったです**。

◇◇◇ **during** [djúəriŋ **デュアリング**]	前	…の間 (のいつか) に
◇◇ **winter** [wíntər **ウィンタ**]	名	冬
◇◇ **draw** [drɔ́ː **ドロー**]	動	引く, 引き寄せる
□□ **drew** [drúː **ドルー**]	動	draw(引く)の過去形
◇◇ **and** [ǽnd **アンド**]	接	そして(それから)
◇◇ **get** [gét **ゲト**]	動	手に入れる;受け取る;買う
□□ **got** [gάt **ガト**]	動	get(手に入れる)の過去形・過去分詞
◇◇ **exciting** [iksáitiŋ **イクサイティング**]	形	興奮させる
□□□ **lose** [lúːz **ルーズ**]	動	負ける ⇔win 動 勝つ
□□ **lost** [lɔ́ːst **ロースト**]	動	lose(負ける)の過去形・過去分詞
◇◇ **on** [άn **アン**]	前	…で, …(のため)に;…(の途中)で ★目的・進行を表す
□□ *go on a trip*		旅行へ行く
□□ *go ...ing*		…しに行く
□□ **snowman** [snóumæn **スノウマン**]	名	雪だるま

I went to Wakaba Shrine **during** the **winter** vacation.
私は**冬休みの間に**わかば神社へ行きました。

I **drew** *omikuji* **and got** *daikichi*.
私がおみくじを**引いたら**大吉を**手に入れました**。

It was **exciting**.
とても**わくわくし**ました。

Wakaba Greens **lost** the game.
ワカバグリーンズは試合に**負けました**。

driver
[dráivər　ドライヴァ]
名　(車を)運転する人，運転手

officer
[ɔ́:fəsər　オーフィサ]
名　警察官；公務員

police officer
[pəlí:s ɔ́:fəsər
ポリース オーフィサ]
名　警察官

☐☐☐ teammate [tí:mmèit **ティームメイト**]	名	チームメイト ■複数形は teammates
☐☐ boring [bɔ́:riŋ **ボーリング**]	形	退屈な，うんざりさせる ⇔interesting 形 おもしろい，興味深い

GET Part 2

☐☐☐ miss [mís **ミス**]	動	機会を逃す ■過去形は missed
☐☐ call [kɔ́:l **コール**]	名	電話(をする〔がある〕こと)
◇◇ up [ʌp **アプ**]	副	起きて ★発生を表す
☐☐☐ *What's up?*		どうしたの？
◇◇ with [wíð **ウィズ**]	前	…にとっては；…について ★立場・関連を表す
☐☐☐ *work out ...*		…を解決する
◎◎◎ sorry [sári **サリ**]	形	すまなく思って，後悔して
☐☐ center [séntər **センタ**]	名	中心；…センター
◇◇◇ was [wáz **ワズ**]	助	…していた ■過去進行形〔was＋動詞の-ing形〕の形で用いる

☐ **difficult** ☐ [dífikəlt] **ディフィカルト**]	形 難しい，困難な；苦しい，厳しい ⇔easy 形 やさしい，簡単な

I **missed** your phone **call**.
私は，あなたの**電話**に**出ることができませんでした**。

What's up?
どうしたの？

I had a problem **with** my homework, but I **worked** it **out**.
宿題**について**問題がありましたが，私はそれを**解決しました**。

Sorry.
ごめんなさい。

I was at the sports **center**.
私はスポーツ**センター**にいました。

✪I **was** playing wheelchair basketball.
　私は車いすバスケットボールを**していました**。

□□ **sound** [sáund サウンド]	動	(…に)聞こえる〔思える〕 ■3単現はsounds
□ *sound like ...*		…のように思われる
□ *Sounds like fun.*		おもしろそうだね。
◇◇ **were** [wɜ́ːr ワー]	助	…していた；…しようとしていた ■過去進行形〔were ＋動詞の-ing形〕の形で用いる
◇◇ **that** [ðǽt ザト]	形	その，あの
◇◇ **well** [wél ウェル]	間	さあ，えーと；さて，ところで； まあ，そうね
□ **change** [tʃéindʒ チェインヂ]	動	取り替える；乗り換える
□ **into** [íntu イントゥ]	前	…(の状態)に(なって〔変わって〕) ★変化を表す
□ *change into ...*		…に着替える
□ pajamas [pədʒáːməz パヂャーマズ]	名	パジャマ ★上下1組をさす
◇◇ **play** [pléi プレイ]	動	遊ぶ
□ surf [sɜ́ːrf サーフ]	動	波乗りする； (インターネットの)サイトを見て回る

Sounds like fun.
楽しそうですね。

What were you doing at that time, Taku?
タク，そのときあなたは何をしていましたか。

Well, I was sleeping at nine.
ええと，私は9時には寝ていました。

Internet [íntərnèt **インタネト**]	名	インターネット
DVD [díːvìːdíː **ディーヴィーディー**]	《略》	★ digital video[versatile] diskの略
sit [sít **スィト**]	動	すわる；すわっている
bench [béntʃ **ベンチ**]	名	ベンチ，長いす
jog [dʒág **ヂャグ**]	動	ゆっくり走る，ジョギングする

USE Read Basketball and My Life

◇◇◇ **life** [láif **ライフ**]	名	一生，人生
☐☐ clubfoot [klʌ́bfùt **クラブフト**]	名	内反足 ★足首の関節の異常などで，足の裏が内側を向いて甲が地についている
☐☐ **still** [stíl **スティル**]	副	それでも
☐☐ foot [fút **フト**]	名	足 ★footは足首から下の部分をいう
☐☐ feet [fíːt **フィート**]	名	foot(足)の複数形
☐☐ condition [kəndíʃən **コンディション**]	名	状態；健康状態
◇◇◇ **change** [tʃéindʒ **チェインヂ**]	動	変える；変わる ■過去形はchanged
☐☐ could [kúd **クド**]	助	…することができた ★canの過去形
☐☐ **anymore** [ènimɔ́ːr **エニモー**]	副	もはや；これ以上 ★疑問文・否定文で用いる
☐☐ **against** [əgénst **アゲンスト**]	前	…に対抗して
☐☐ Australian [ɔːstréiljən **オーストレイリャン**]	形	オーストラリアの，オーストラリア人の
☐☐ US [júːés **ユーエス**]	《略》	〔形容詞的に〕アメリカ合衆国の ★the United Statesの略。名詞で用いるときはtheをつける

Basketball was my life.
バスケットボールは私の**人生**でした。

I had a clubfoot, but I still played.
私は，**内反足**でしたが，**それでも**バスケットボールをしていました。

At age thirteen, my foot's condition changed.
13歳のとき，私の**足**の**状態**が**変わりました**。

I could not play basketball anymore.
私は，**もうそれ以上**バスケットボールが**でき**なくなりました。

At sixteen, our wheelchair basketball team played against Australian and US teams.
16歳のとき，私たちの車いすバスケットボールチームは**オーストラリア**と**アメリカ**のチーム**と**試合をしました。

◇◇◇ **fast** [fǽst ファスト]	形	(速度が)速い
skillful [skílfəl スキルフル]	形	腕のいい，みごとな
full [fúl フル]	形	満ちた，いっぱいの
be full of ...		…がみなぎっている
energy [énərdʒi エナヂ]	名	元気，(心身の)力
always [ɔ́:lweiz オールウェイズ]	副	いつも，常に
◇◇ **best** [bést ベスト]	名	最上(のもの) ★the, one'sをつけて用いる
above [əbʌ́v アバヴ]	前	(場所)の上に〔の〕；(ある基準)より上で〔の〕
above all		何よりも
love [lʌ́v ラヴ]	動	愛する，…が大好きである ■過去形はloved

| mind [máind マインド] | 名 | 心，精神；考え |
| realize [rí:əlàiz リーアライズ] | 動 | 理解する ■過去形はrealized |

Their players **were fast**, **skillful**, and **full of energy**.
その選手たちは，**速く**，**腕がよくて**，**力があふれていました**。

They **always** did their **best**.
彼女たちは，**いつも最善**を尽くしていました。

Above all, they really **loved** wheelchair basketball.
何よりも，彼女たちは車いすバスケットボールをとても**愛していました**。

This changed my **mind**.
このことが私の**心**を変えました。

I **realized**, "Wheelchair basketball is a real sport."
私は，「車いすバスケットボールは本当のスポーツだ」と**わかったのです**。

long [lɔ́:ŋ ロ́ーング]	形	(時間が)長い，長時間の ⇔short 形 短い
of [áv ア́ヴ]	前	…の中の ★全体を表す
national [nǽʃənəl ナ́ショナル]	形	国の，国立の，国家の
meet [mí:t ミ́ート]	動	会う，出会う
top [táp タ́プ]	形	いちばん上の；トップの
world [wə́:rld ワ́ールド]	名	世界，世界中の人々
this [ðís ズ́ィス]	代	今述べたこと，次に述べること
message [mésidʒ メ́スィヂ]	名	(映画・書物・演説などの)メッセージ，趣旨
have [hǽv ハ́ヴ]	動	(思い・考えなどを)心に持っている，いだく
positive [pázətiv パ́ズィティヴ]	形	積極的な
attitude [ǽtətjù:d ア́ティテュード]	名	態度，心構え；考え方

After **long** hours **of** practice, I joined the Japan **national** team.
長い練習**の**時間をへて，私は日本の**ナショナル**チームに参加しました。

Now I **meet** and play against the **top** players in the **world**.
今，私は**世界**の**トップ**選手に**会って**戦っています。

This is my **message** for you.
これはあなたへの私の**メッセージ**です。

Have a **positive attitude**.
積極的な心構えを**持って**ください。

USE Speak 偉(い)人を紹介(しょうかい)しよう

☐☐ Albert Einstein [ǽlbərt áinstain **ア** ルバト **ア**インスタイン]	名	アルバート・アインシュタイン ★ドイツ生まれの米国の理論物理学者;「相対性 理論」を発表(1879-1955)
◇◇ **great** [gréit **グレ**イト]	形	偉大な, きわめてすぐれた, 重要な
☐☐ **person** [pə́:rsən **パ**ーソン]	名	人物
☐☐ respect [rispékt リス**ペ**クト]	動	尊敬する
☐☐ scientist [sáiəntist **サ**イエンティスト]	名	科学者, 自然科学者
☐☐ century [séntʃəri **セ**ンチュリ]	名	世紀, 100 年
☐☐ **won** [wʌ́n **ワ**ン]	動	win(受賞する)の過去形・過去分詞
☐☐ Nobel [noubél ノウ**ベ**ル]	名	ノーベル ★スウェーデンの化学者;ダイナマイトの発明者 (1833-1896)
☐☐ prize [práiz プ**ラ**イズ]	名	賞, 賞品
☐☐ Nobel Prize [nóubel práiz **ノ**ウベル プ**ラ**イズ]	名	ノーベル賞

Albert Einstein is a great person.
アルバート・アインシュタインはすばらしい人です。

I respect him.
私は彼を尊敬しています。

He was a great scientist in the 20th century.
彼は 20 世紀の偉大な科学者でした。

He won a Nobel Prize in 1921.
彼は 1921 年にノーベル賞を受賞しました。

◇◇ **strong**
[stróːŋ ストローング] 　形　強い

□□ passion
[pǽʃən パション] 　名　情熱

◇◇ **for**
[fɔ́ːr フォー] 　前　…については；…のことを[は]
★関連・心情の対象を表す

□□ hero
[híːrou ヒーロウ] 　名　英雄，ヒーロー

Take Action! Listen 5　インタビュー

□□ hockey
[háki ハキ] 　名　アイスホッケー
★おもに米ではアイスホッケーをさす

□□ **question**
[kwéstʃən クウェスチョン] 　名　質問，問い
■複数形は questions

□□ listener
[lísənər リスナ] 　名　聞き手；ラジオのリスナー
■複数形は listeners

Take Action! Talk 5　どんな漫(まん)画が好きなの？

□□ manga
[mǽŋgə マンガ] 　名　漫画

□□ wow
[wáu ワウ] 　間　うわー！，まあ！，あっ！
★驚き・喜びなどを表す

□□ One Piece
[wán píːs ワン ピース] 　名　ワンピース
★漫画の名前

He had a **strong passion for** science.
彼は科学**への強い情熱**を持っていました。

Einstein is my **hero**.
アインシュタインは私の**ヒーロー**です。

教 p.122

course
[kɔ́ːrs　コース]
名　〔of course で〕もちろん，確かに

Of course.
もちろん。

depressed
[diprést
ディプレスト]
形　落胆した，がっかりした

教 p.123

What are you drawing? — My favorite **manga** character.
あなたは何をかいているのですか。―私の大好きな**漫画**のキャラクターです。

Wow, you draw well.
わあ，あなたはかくのが上手ですね。

I like *One Piece*.
私は『**ワンピース**』が好きです。

a big fan of ...		…の大ファン
Luffy [lʌ́fi ラフィ]	名	ルフィー ★キャラクターの名前
cartoonist [kɑːrtúːnist カートゥーニスト]	名	漫画家
series [síəriːz スィアリーズ]	名	(出版物・番組などの)シリーズ(物)

GET Plus 5　うれしそうですね

look [lúk ルク]	動	(外見が)…にみえる，…の顔をしている
puppy [pʌ́pi パピ]	名	子犬

Word Bank　状態や気持ちを表すことば

surprised [sərpráizd サプライズド]	形	驚いた
blue [blúː ブルー]	形	ゆううつな
busy [bízi ビズィ]	形	忙しい

I'm **a big fan of Luffy**.
私は**ルフィーの大ファン**です。

Who's your favorite **cartoonist**?
あなたのお気に入りの**漫画家**はだれですか。

I have the **series** in English.
私は英語の**シリーズ**を持っています。

教 p.124

You **look** happy.
きみはうれし**そうだね**。

I got a **puppy** for my birthday.
私，誕生日に**子犬**をもらったよ。

教 p.125

bored [bɔ́:rd **ボード**]	形	退屈した，うんざりした
nervous [nə́:rvəs **ナーヴァス**]	形	心配して，不安で；自信のない

191

CHECK IT OUT!

Lesson 7　GET Part 1

教 pp.113~115

(1)	_____	(テニスやバスケットなどの)コート
(2)	_____	だれでも，みんな
(3)	_____	are(…である，…にいる)の過去形
(4)	_____	am, is(…である，…にいる)の過去形
(5)	_____	おもしろいこと，楽しさ
(6)	_____	draw(引く)の過去形
(7)	_____	get(手に入れる)の過去形・過去分詞
(8)	_____	「負ける」の過去形・過去分詞
(9)	_____	負ける
(10)	_____	難しい，困難な
(11)	_____	冬
(12)	_____	興奮させる
(13)	_____	(車を)運転する人
(14)	_____	警察官，公務員
(15)	_____ _____	警察官
(16)	s_____	「撃つ」の過去形・過去分詞
(17)	s_____	撃つ，射る，シュートする
(18)	a_____	驚くべき，みごとな
(19)	t_____	チームメイト
(20)	b_____	退屈な

① 月 日 ／20点	② 月 日 ／20点	③ 月 日 ／20点

(1)	_____	機会を逃す
(2)	_____	電話(をする〔がある〕こと)
(3)	_____	中心，…センター
(4)	_____	(…に)聞こえる〔思える〕
(5)	_____	すまなく思って，後悔して
(6)	_____	取り替える，乗り換える
(7)	_____	…(の状態)に(なって〔変わって〕)
(8)	_____	すわる，すわっている
(9)	p_____	パジャマ
(10)	s_____	(インターネットの)サイトを見て回る
(11)	D_____	digital video〔versatile〕diskの略
(12)	b_____	ベンチ，長いす
(13)	j_____	ゆっくり走る，ジョギングする
(14)	What's _____ ?	どうしたの？
(15)	_____ out ...	…を解決する
(16)	sound _____ ...	…のように思われる

| ① 月 日 | ／16点 | ② 月 日 | ／16点 | ③ 月 日 | ／16点 |

CHECK IT OUT!

Lesson 7 USE Read

📖 pp.118~119

(1)		それでも
(2)		can（…することができる）の過去形
(3)		〔疑問文・否定文で〕これ以上
(4)		…に対抗して
(5)		満ちた，いっぱいの
(6)		いつも，常に
(7)		愛する，…が大好きである
(8)		心，精神，考え
(9)		理解する
(10)		国の，国立の，国家の
(11)		いちばん上の，トップの
(12)		（映画・書物などの）メッセージ
(13)		（時間が）長い，長時間の
(14)		会う，出会う
(15)		世界，世界中の人々
(16)	f	足
(17)	f	「足」の複数形
(18)	c	状態，健康状態
(19)	A	オーストラリア（人）の
(20)	s	腕のいい，みごとな
(21)	e	元気，（心身の）力
(22)	a	…の上に〔の〕，…より上で〔の〕
(23)	p	積極的な
(24)	a	態度，心構え，考え方

(25) above _____   何よりも

① 月 日	/25点	② 月 日	/25点	③ 月 日	/25点

Lesson 7　USE Speak   📖 pp.120~121

(1) _____ 人物

(2) _____ win(受賞する)の過去形・過去分詞

(3) r _____ 尊敬する

(4) c _____ 世紀, 100 年

(5) p _____ 賞, 賞品

(6) p _____ 情熱

① 月 日	/6点	② 月 日	/6点	③ 月 日	/6点

Take Action!　Listen 5   📖 p.122

(1) _____ 質問, 問い

(2) of _____ もちろん, 確かに

(3) h _____ アイスホッケー

(4) l _____ 聞き手, ラジオのリスナー

(5) d _____ 落胆した, がっかりした

① 月 日	/5点	② 月 日	/5点	③ 月 日	/5点

CHECK IT OUT!

Take Action! Talk 5
📖 p.123

(1)　w _____　うわー！，まあ！，あっ！

(2)　c _____　漫画家

(3)　s _____　（出版物などの）シリーズ（物）

① 月 日 ／3点	② 月 日 ／3点	③ 月 日 ／3点

GET Plus 5
📖 p.124

(1)　p _____　子犬

① 月 日 ／1点	② 月 日 ／1点	③ 月 日 ／1点

Word Bank
📖 p.125

(1)　_____　忙しい

(2)　s _____　驚いた

(3)　b _____　退屈した，うんざりした

(4)　n _____　心配して，不安で

① 月 日 ／4点	② 月 日 ／4点	③ 月 日 ／4点

■ 代名詞を知ろう

　代名詞とは，名詞を繰り返す代わりに用いる語のことです。I や you，this や that，some や any はすべて代名詞です。ここでは不特定のものをさす代名詞 some，any，one を取り上げます。

　some と any はともに，「いくつか，いくらか」という意味ですが，はっきりとは表しづらい，あるいは重要でないので明確に表す必要のない数・量を表すときに用います。some も any も，名詞の前に置いて形容詞として使うこともできます。some は肯定文で，any は疑問文や否定文で使われることが多いです。日本語にするときは特に訳さないほうが自然です。

　I have some books in my bag.
　（私はかばんに何冊か本を持っています。）
　Do you have any pets?　（あなたはペットを飼っていますか。）
　I don't have any money.　（私はお金を持っていません。）

　some を疑問文で使わないかと言えばそうではありません。相手が肯定的な返答をするだろうと予想されるときや，肯定的な返答をしてもらいたいと話し手が思っているときは疑問文でも some を使います。

　Do you have some questions?　（質問はありますか。）
　Do you want some tea?　（お茶はどうですか。）

　一度出た数えられる名詞の代わりに用いる代名詞もあります。one は，前に出た名詞が表す同じ種類の別のものをさし，人にも物にも用いることができます。形容詞のようには使うことはできません。

　I'm looking for a T-shirt. — How about this blue one?
　（私は T シャツを探しています。—この青いものはどうですか。）
　Which is your cap? — The blue one.
　（どれがあなたの帽子？—青いやつだよ。）
　〈参考〉Did you see my key? — Yes. I saw it on the table.
　　　　（私の鍵を見た？—うん。テーブルの上にあるのを見たよ。）

GET Part 1

☐☐ river [rívər **リヴァ**]	名	川, 河
◌◌ let's [léts **レツ**]		…しましょう ★〔Let's ….〕の形で用いる。let'sはlet usを短くした形
☐☐ riverbank [rívərbæŋk **リヴァバンク**]	名	川岸, 土手
☐ baby [béibi **ベイビ**]	名	赤ちゃん;〔形容詞的に〕赤ちゃんの
◌◌◌ stand [stǽnd **スタンド**]	名	売店, 屋台 ■複数形はstands
☐ chopstick [tʃápstìk **チャプスティク**]	名	箸 ★ふつう複数形chopsticksで用いる
◇◇ and [ǽnd **アンド**]	接	そうすれば ★命令文などのあとで用いる
☐☐ will [wíl **ウィル**]	助	〔自然のなりゆきでこの先〕…するでしょう, …(する)だろう
◇◇◇ drink [dríŋk **ドリンク**]	名	飲みもの
◌◌ cold [kóuld **コウルド**]	形	寒い, 冷たい ⇔hot 形 熱い, 暑い
☐☐ tomorrow [təmɔ́:rou **トモーロウ**]	名 副	あした(は), あす(は)
☐☐ it'll [ítl **イトル**]		it willの短縮形
☐☐ won't [wóunt **ウォウント**]		will notの短縮形

Come to the Green Festival in Aoi River Park.
あおい川公園のグリーンフェスティバルへ来てください。

Let's clean the riverbank and put baby fish in the river.
土手の清掃をして，魚の**赤ちゃん**を川へ流**しましょう**。

Enjoy delicious food at the stands.
屋台ではおいしい食べものを楽しんでください。

✪Bring your own chopsticks, and you will get a free drink.
自分自身の**お箸**を持って**くれば**，無料の**飲みもの**を手に入れる**でしょう**。

It is cold today.
今日は**寒い**です。

✪It will be cold tomorrow.
あしたは寒くなるでしょう。

199

○○○ **sunny** [sʌ́ni **サニ**]	形	日の照っている，晴れた
○○○ **cloudy** [kláudi **クラウディ**]	形	くもりの，くもった
○○○ **rainy** [réini **レイニ**]	形	雨降りの，雨の

GET Part 2

◇◇ **hear** [híər **ヒア**]	動	(情報・知らせなどを)聞き知る，耳にする
▢ yeah [jéə **イェア**]	副	ああ，わかっているよ
◇◇ **go** [góu **ゴウ**]	動	…しようとしている；…するつもりである ★〔be going to ...〕の形で近い未来や予定を表す
▢ speech [spíːtʃ **スピーチ**]	名	演説，スピーチ
▢ final [fáinəl **ファイナル**]	形	最後の
▢ project [prádʒekt **プラヂェクト**]	名	計画，企画
▢ maybe [méibi **メイビ**]	副	たぶん，…かもしれない
◇◇ **will** [wíl **ウィル**]	助	(私(たち)は)…するつもりである， …しようと思う ★1人称(I, we)の主語のときの意味
▢ I'll [áil **アイル**]		I will の短縮形
○○ **when** [hwén (ホ)**ウェン**]	副	いつ

☐ snowy ☐ [snóui スノウイ]	形	雪の降る，雪の積もった
☐ warm ☐ [wɔ́:rm ウォーム]	形	暖かい；温かい ⇔cool 形 涼しい，冷えた
◇ cool ◇ [kú:l クール]	形	涼しい；冷えた ⇔warm 形 暖かい，温かい

教 pp.130~131

Did you **hear** about the Green Festival?
グリーンフェスティバルについて**聞き**ましたか。

It's this weekend. — **Yeah**.
この週末ですね。—**はい**。

❂**Are** you **going to** be there? — Yes.
あなたはそこに行く**つもりですか**。—はい。

❂I am going to listen to a **speech** on the **final** day.
私は**最後の**日の**スピーチ**を聞くつもりです。

It's about a volunteer **project**.
ボランティアの**企画**についてです。

Maybe I'll meet you there.
たぶん，私はそこであなたに会う**と思います**。

When will it start? — At two.
それは**いつ**始まりますか。—２時です。

201

☐☐ **stay** [stéi スティ]	動	とどまる，いる；滞在する
◇◇ **inside** ◇ [insáid イン**サ**イド]	副	内側に，中で
◯◯◯ **snow** ◯ [snóu ス**ノ**ウ]	動	雪が降る
◯◯◯ **rain** ◯ [réin **レ**イン]	動	雨が降る
☐☐ chocolate [tʃɔ́:klət **チョ**ークレト]	名	チョコレート
☐☐ hot chocolate [hát tʃɔ́:klət **ハ**ト **チョ**ークレト]	名	ココア
◇◇◇ **work** [wə́:rk **ワ**ーク]	名	仕事，勉強；作品

USE Read Mt. Fuji

◇◇ **some** [sʌ́m **サ**ム]	代	(全体の中の)ある人たち，ある物 ★〔Some ..., others ~.〕の形で「…もいれば〔あれば〕，～もいる〔ある〕」
☐☐ paint [péint **ペ**イント]	動	(絵の具で絵を)かく；ペンキを塗る
☐☐ symbol [símbəl ス**ィ**ンボル]	名	象徴，シンボル

I'm going to stay inside and watch TV.
私は**家の中で**テレビを見るつもりです。

It will snow next Sunday.
今度の日曜日は**雪が降る**でしょう。

make	動	…する
[méik メイク]		★後ろの名詞の意味と組みあわせて用いる
make a speech		演説をする
take	動	(授業・試験などを)受ける
[téik テイク]		
exam	名	試験
[igzǽm イグ**ザ**ム]		★examination を短くした語
the day after tomorrow		あさって

教 pp.132~133

Some paint Mt. Fuji. Others pray to it.
富士山の絵を**かく人もいれば**，祈る人もいます。

It is a symbol of Japan.
それは日本の**象徴**です。

◇◇◇ **from** [frám フラム]	前	…から (の) ★時間を表す
late [léit レイト]	形	(時刻・時期が)遅い；後期の
(1900)s		(1900)年代
◇◇◇ **number** [námbər ナンバ]	名	総数，総量
climber [kláimər クライマ]	名	登山者 ■複数形は climbers
increase [inkríːs インクリース]	動	増やす；増える ■過去形は increased
◇◇ **many** [méni メニ]	代	多く，たくさん
litter [lítər リタ]	名	ごみくず，がらくた
path [pǽθ パス]	名	(野・森に自然に出来た)小道； (庭・公園の)歩道 ■複数形は paths
left [léft レフト]	動	leave(置いていく)の過去形・過去分詞
behind [biháind ビハインド]	副	後ろに [を]；残って
plastic [plǽstik プラスティク]	形	プラスチック (製) の，ビニール (製) の
can [kǽn キャン]	名	缶 ■複数形は cans

From the **late** 1900**s**, the **number** of **climbers increased**.
1900 **年代後半から**，**登山者**の数が**増えました**。

Many of them dropped **litter** on the **paths**.
登山者の**多く**が**小道**に**ごみ**を捨てました。

They **left behind plastic** bottles and **cans**.
彼らは**プラスチックの**ボトルや**缶をあとに残して行ったのです**。

☐☐ messy [mési **メスィ**]	形	散らかった
☐☐ feel [fíːl **フィール**]	動	(体や心に)感じる
☐☐ felt [félt **フェルト**]	動	feel(感じる)の過去形・過去分詞
☐☐ upset [ʌpsét **アプセト**]	形	取り乱した，腹を立てた
☐☐ situation [sìtʃuéiʃən **スィチュエイション**]	名	事態，情勢
☐☐ decide [disáid **ディサイド**]	動	決定する，(心に)決める ■過去形は decided
☐☐ group [grúːp **グループ**]	名	(人・動植物・物などの)グループ，集団

☐☐ pick [pík **ピク**]	動	摘む
◇◇ up [ʌp **アプ**]	副	上へ，上の方へ ★方向を表す
☐☐ *pick up ...*		…を拾い上げる
☐☐ hiker [háikər **ハイカ**]	名	ハイキングする人 ■複数形は hikers
☐☐ give [gív **ギヴ**]	動	(会などを)開く，もよおす； (おおぜいの前で)演ずる，行う
☐☐ *give a speech*		演説をする

The paths were messy.
登山道は**散らかって**いました。

My friends and I felt upset about this situation.
友人たちと私は，この**状態**に**腹を立て**ました。

We decided, "We will make a group. We will clean
the paths on Mt. Fuji."
私たちは，「**グループ**を作ろう。富士山の登山道をきれいにしよう」と**決め
ました**。

We pick up people's litter.
私たちは人々が捨てたごみ**を拾います**。

We talk to hikers.
私たちは**登山者**と話をします。

We give speeches at schools and events.
私たちは学校やイベントで**講演をします**。

□ website □ [wébsàit **ウェブサイト**]	名	ウェブサイト ★インターネット上で情報公開するホームページ 　などのこと
□ share □ [ʃéər **シェア**]	動	一緒に使う，共有する
□ information □ [ìnfərméiʃən インフォ**メ**イション]	名	情報
□ similar □ [símələr **スィ**ミラ]	形	類似した，似ている ⇔different 形 違った，別の
□ around □ [əráund アラウンド]	前	…のあちらこちらを
□ *around the* □ *world*		世界中で
◇ clean ◇ [klíːn **クリ**ーン]	形	きれいな，清潔な
◇ will ◇ [wíl **ウィ**ル]	助	(きみは)…しますか ★意志未来を表し，疑問文，2人称(you)の主語 　で用いる …しませんか，…してくれませんか ★勧誘・依頼を表す
□ us □ [ʌ́s **ア**ス]	代	私たちを，私たちに
□ save □ [séiv **セ**イヴ]	動	救う，助ける，守る
□ future □ [fjúːtʃər **フュ**ーチャ]	名 形	未来(の)，将来(の)
□ generation □ [dʒènəréiʃən ヂェネ**レ**イション]	名	世代 ■複数形はgenerations

On our **website**, we **share information** with **similar** groups **around the world**.
私たちの**ウェブサイト**で，**世界中の似たような**グループと**情報**を**共有**しています。

Mt. Fuji is getting **clean**.
富士山は**きれい**になってきています。

Will you join **us**?
あなたも**私たちに**加わり**ませんか**。

Let's **save** Mt. Fuji for **future generations**.
未来の世代のために，富士山を**守り**ましょう。

USE Write　マニフェストを書こう

◇ **paper** [péipər　ペイパ]	名	紙
clothes [klóuz　クロウズ]	名	衣服
kind [káind　カインド]	形	親切な，やさしい
be kind to ...		…に親切だ
nature [néitʃər　ネイチャ]	名	自然，自然界
promise [práməs　プラミス]	名	約束
environment [inváiərənmənt　インヴァイ(ア)ロンメント]	名	（自然）環境 ★theをつけて用いる
reduce [ridʒúːs　リデュース]	動	減らす；減る
trash [træʃ　トラシュ]	名	ごみ
◇ **for** [fɔ́ːr　フォー]	前	…として，…を意味する ★同等を表す
example [igzǽmpl　イグザンプル]	名	例，実例
for example		たとえば
recycle [riːsáikl　リーサイクル]	動	再利用する，再生する

Let's **be kind to nature**.
自然にやさしくなりましょう。

My **Promise**
「私の**約束**」

I am going to save the **environment**.
私は**環境**を守ります。

I will **reduce trash**.
私は**ごみ**を**減らします**。

For example, I will **recycle** things like cans and
plastic bottles.
たとえば，缶やペットボトルを**再利用します**。

addition [ədíʃən **アディ**ション]	名	付け加わったもの，付け加えること
in addition		さらに，その上
straw [strɔ́: **ストロー**]	名	(飲みもの用の)ストロー ■複数形は straws
green [gríːn **グリーン**]	形	環境にやさしい

Take Action! Listen 6 天気予報

almost [ɔ́ːlmoust **オールモウスト**]	副	ほとんど，おおかた；もう少しで
holiday [hálədèi **ハリデイ**]	名	祝日，休日 ★国や州などで決められた1日だけのものをさす
high [hái **ハイ**]	名	最高点 ⇔low 名 低い水準

In addition, I will not use plastic straws.
さらに，私はプラスチック製の**ストロー**も使いません。

Let's be green.
環境にやさしくなりましょう。

教 p.136

low [lóu ロウ]	名	低い水準〔数値〕 ⇔high 名 最高点
degree [digríː ディグリー]	名	(温度・角などの) 度 ■複数形は degrees
bad [bǽd バド]	形	(質や程度が) 悪い，いやな ⇔good 形 よい，すぐれた

Take Action! Talk 6　もう一度言って

Seyfried [sáifrid **サイフリッド**]	名	サイフリッド ★人の姓
number [nʌ́mbər **ナンバ**]	名	(電話などの)番号, …番
again [əgén **アゲン**]	副	もう一度, また
blond [blánd **ブランド**]	形	ブロンドの, 金髪の
hair [héər **ヘア**]	名	(人の)髪の毛; (人・動物の)体毛, 毛
pardon [pá:rdn **パードン**]	動	許す
Pardon me?		もう一度おっしゃって下さい。

GET Plus 6　ベッドを整えてくれませんか

| help [hélp **ヘルプ**] | 名 | 手伝い, 助け |
| *I'm sorry.* | | (すまなく思って)すみません。; (残念に思って)すみません。 |

Who's your favorite player, Mark? — Seyfried.
マーク，あなたのお気に入りの選手はだれですか。—**サイフリッド**です。

He's wearing number 33.
彼は 33 **番**をつけています。

Can you say that again, please?
もう一度言ってもらえますか。

He has blond hair.
彼は**金髪**をしています。

Mark, I need some help.
マーク，**助け**が必要なんだ。

Can you walk the dog? — I'm sorry, but I can't.
イヌの散歩をしてもらえますか。—**すみません**ができません。

Word Bank　いろいろな動作

☐☐☐ **open** [óupən　**オ**ウプン]	動	(ドア・窓などが)あく；あける
☐☐☐ **window** [wíndou　**ウィ**ンドウ]	名	窓
◇◇◇ **water** [wɔ́:tər　**ウォ**ータ]	動	水をやる〔まく〕
☐☐☐ **laundry** [lɔ́:ndri　**ロ**ーンドリ]	名	洗濯物 ★theをつけて用いる
☐☐☐ **feed** [fí:d　**フィ**ード]	動	食べものを与える，えさを与える
☐☐☐ **dish** [díʃ　**ディ**シュ]	名	皿，食器類 ■複数形はdishes
◇◇◇ **turn** [tə́:rn　**タ**ーン]	動	回る；回す
☐☐☐ **off** [ɔ́:f　**オ**ーフ]	副	(電気・水道・テレビなどが)切れて，止まって

Project 3　大切なものを紹介(しょうかい)しよう

◇◇◇ **give** [gív　**ギ**ヴ]	動	与える，あげる；渡す
☐☐☐ **gave** [géiv　**ゲ**イヴ]	動	give(あげる)の過去形
☐☐☐ **treasure** [tréʒər　ト**レ**ジャ]	名	財宝，富；貴重品，宝物
☐☐☐ **present** [préznt　プ**レ**ズント]	名	贈り物

教 p.139

turn off ...		…を止める，消す
light [láit **ライト**]	名	光，明るさ；明かり ❶ gh は発音しない
on [án **アン**]	副	(水道・テレビ・ガスなどが) ついて
turn on ...		…をつける，出す
lock [lák **ラク**]	動	かぎをかける
door [dɔ́:r **ドー**]	名	戸，ドア
answer [ǽnsər **アンサ**]	動	答える，返事をする；応答する

教 pp.142~143

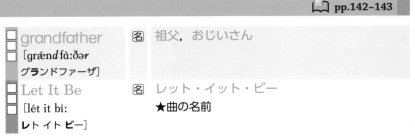

grandfather [grǽndfɑ̀:ðər **グランドファーザ**]	名	祖父，おじいさん
Let It Be [lét it bí: **レト イト ビー**]	名	レット・イット・ビー ★曲の名前

READING FOR FUN ▸ Alice and Humpty Dumpty

READING FOR FUN Alice and Humpty Dumpty

☐☐ Alice [ǽlis **アリス**]	名	アリス ★女性の名前
☐☐ Humpty Dumpty [hʌ́mpti dʌ́mpti **ハンプティ ダンプティ**]	名	ハンプティ・ダンプティ ★英国に古くから伝わる童謡『マザーグース』など に出てくる卵の形をしたキャラクター
◐◐ by [bái **バイ**]	前	…の(すぐ)そばに ★場所を表す
☐☐ suddenly [sʌ́dnli **サ**ドンリ]	副	突然，いきなり
◇◇ late [léit **レイト**]	形	(本来の時間・予定より)遅い， (時間に)遅れた
☐☐ ran [rǽn **ラン**]	動	run(走る)の過去形
◇◇ into [íntu **イントゥ**]	前	…の中へ〔に〕 ★内部への動きを表す
☐☐ hole [hóul **ホウル**]	名	穴
☐☐ ground [gráund **グラウンド**]	名	地面 ★theをつけて用いる
☐☐ disappear [dìsəpíər ディサ**ピア**]	動	見えなくなる，消えうせる ■過去形はdisappeared
☐☐ follow [fálou **ファ**ロウ]	動	(…のあとに)ついていく，追う ■過去形はfollowed

Alice and **Humpty Dumpty**
「**アリス**と**ハンプティ・ダンプティ**」

Alice was sitting **by** the river.
アリスは川**のそばに**すわっていました。

Suddenly she saw a white rabbit.
突然，彼女は白いウサギを見ました。

The rabbit looked at his watch and said, "I'm **late**. I'm **late**."
そのウサギは彼の時計を見て，「私は**遅れる**。**遅れる**」と言いました。

He **ran into** a **hole** in the **ground** and **disappeared**.
彼は**地面の穴の中に走っていって**，**見えなくなりました**。

She **followed** him.
彼女は彼**についていきました**。

◇◇◇	**fall** [fɔ́ːl フォール]	動	落ちる
☐☐	**fell** [fél フェル]	動	fall（落ちる）の過去形
◐◐◐	**down** [dáun ダウン]	副	（上から下への動きを表して）下（の方）へ〔に〕

◇◇◇	**long** [lɔ́ːŋ ローング]	副	（時間が）長く
☐☐	*How long ...?*		どのくらい長く
◐◐◐	**think** [θíŋk スィンク]	動	考える，思う
☐☐	**thought** [θɔ́ːt ソート]	動	think（思う）の過去形・過去分詞
☐☐	**hit** [hít ヒト]	動	打つ；ぶつける，ぶつかる ■過去形も hit
☐☐	**bottom** [bátəm バトム]	名	底；いちばん下の所
☐☐	Wonderland [wʌ́ndərlænd ワンダランド]	名	（童話の）不思議の国
☐☐	**wall** [wɔ́ːl ウォール]	名	壁；へい
☐☐	**little** [lítl リトル]	形	小さい；年少の ⇔big 形 大きい
☐☐	**mean** [míːn ミーン]	動	意味する，…の意味である

Alice **fell** into the hole.
アリスは穴の中に**落ちていきました**。

Down, **down**, **down**, she fell.
下へ, **下へ**, **下へ**と, 彼女は落ちました。

📖 p.145

"**How long** will I fall?" she **thought**.
「**どのくらい**落ちていくのだろう？」と彼女は**思いました**。

Then Alice **hit** the **bottom**.
それから彼女は**底にぶつかりました**。

She was in **Wonderland**.
彼女は**不思議の国**にいました。

She saw a big egg on a high **wall**.
彼女は高い**塀**の上の大きな卵が目に入りました。

The egg said, "I'm Humpty Dumpty. What's your name, **little** girl?"
その卵が, 「私はハンプティ・ダンプティです。あなたの名前は何ですか, **小さな**お嬢さん」と言いました。

Alice? What does it **mean**?
アリス？　それは何を**意味する**のですか。

meaning [míːniŋ ミーニング]	名	意味
ask [ǽsk アスク]	動	〔…について〕たずねる，問う ■過去形は asked
shape [ʃéip シェイプ]	名	形，姿

anyway [éniwèi エニウェイ]	副	ところで
belt [bélt ベルト]	名	ベルト，帯
tie [tái タイ]	名	ネクタイ
around [əráund アラウンド]	前	…のまわりを〔に〕
neck [nék ネク]	名	首
around [əráund アラウンド]	副	あちらこちらを〔に〕
careful [kéərfəl ケアフル]	形	注意深い，慎重な

"Does a name have a meaning?" she asked.
「名前に意味があるのですか」と彼女はたずねました。

My name means my shape.
私の名前は，私の形を意味しています。

教 p.146

Anyway, I like your belt.
ところで，私はあなたのベルトが気に入りました。

It is a tie.
それはネクタイです。

It's around my neck.
それは私の首のまわりにあるのです。

Alice looked around.
アリスはあたりを見回しました。

"The wall is very high. Please be careful," she said.
「その塀はとても高いです。どうぞ気をつけてください」と彼女は言いました。

sat [sǽt　**サ**ト]	動	sit(すわる)の過去形・過去分詞
great [gréit　グ**レイ**ト]	形	(びっくりするほど)大きい；(程度が)非常な
fall [fɔ́ːl　**フォー**ル]	名	落下
stop [stáp　ス**タ**プ]	動	やめる
cry [krái　ク**ライ**]	動	叫ぶ，大声で言う ■過去形はcried
do [dúː　**ドゥー**]	助	…するな ★〔Don't＋動詞…〕の形で否定の命令文を作る
terrible [térəbl　**テ**リブル]	形	恐ろしい，ひどい
not ... at all		少しも…ない

*Humpty Dumpty **sat** on a wall.*
ハンプティ・ダンプティは塀の上に**腰かけた**

*Humpty Dumpty had a **great fall**.*
ハンプティ・ダンプティは塀から**ひどく落ちた**

"**Stop!**" **cried** Humpty Dumpty.
「**やめなさい！**」とハンプティ・ダンプティは**叫びました**。

Don't sing that **terrible** song.
その**恐ろしい**歌を歌っては**いけません**。

I don't like it **at all**.
私はその歌が**全く**好き**ではありません**。

単語ノート

Humpty Dumpty 教 p.144／本書 p.218

　　ハンプティ・ダンプティは，イギリスの童謡『マザーグース』に登場する卵の形をした登場人物のことです。（教科書147ページにはこの童謡の歌詞の一部が載っています。）ハンプティ・ダンプティはルイス・キャロルの『鏡の国のアリス』をはじめとして，さまざまな文学作品や演劇で取り上げられてきました。卵のように「ずんぐりむっくりの人」のことをさしたり，卵のように「一度壊れると元どおりにならないもの」のたとえに用いられます。

CHECK IT OUT!

Lesson 8　GET Part 1　　　　　　　　　　教 pp.127~129

(1)	_____	赤ちゃん，赤ちゃんの
(2)	_____	…するでしょう，…(する)だろう
(3)	_____	あした(は)
(4)	_____	…しましょう
(5)	_____	売店，屋台
(6)	_____	寒い，冷たい
(7)	_____	日の照っている，晴れた
(8)	_____	くもりの，くもった
(9)	_____	雨降りの，雨の
(10)	c_____	箸
(11)	w_____	暖かい，温かい
(12)	_____	it will の短縮形
(13)	_____	will not の短縮形

| ① 月 日 ／13点 | ② 月 日 ／13点 | ③ 月 日 ／13点 |

Lesson 8　GET Part 2　　　　　　　　　　教 pp.130~131

(1)	_____	最後の
(2)	_____	たぶん，…かもしれない
(3)	_____	いつ
(4)	_____	とどまる，滞在する
(5)	_____	試験
(6)	_____	雪が降る
(7)	_____	雨が降る
(8)	y_____	ああ，わかっているよ

(9)	s _____	演説，スピーチ
(10)	p _____	計画，企画
(11)	_____	I will の短縮形
(12)	_____ a speech	演説をする
(13)	the _____ _____ tomorrow	あさって

| ① 月 日 ／13点 | ② 月 日 ／13点 | ③ 月 日 ／13点 |

Lesson 8 USE Read

教 pp.132~133

(1)	_____	(時刻・時期が)遅い，後期の
(2)	_____	「置いていく」の過去形・過去分詞
(3)	_____	後ろに〔を〕，残って
(4)	_____	「感じる」の過去形・過去分詞
(5)	_____	(体や心に)感じる
(6)	_____	事態，情勢
(7)	_____	決定する，(心に)決める
(8)	_____	グループ，集団
(9)	_____	摘む
(10)	_____	(おおぜいの前で)演ずる，行う
(11)	_____	いっしょに使う，共有する
(12)	_____	情報
(13)	_____	類似した，似ている
(14)	_____	…のあちらこちらを
(15)	_____	私たちを(に)
(16)	_____	救う，助ける，守る
(17)	_____	未来(の)，将来(の)

CHECK IT OUT!

(18)	p _____	(絵の具で絵を)かく，ペンキを塗る
(19)	s _____	象徴，シンボル
(20)	c _____	登山者
(21)	i _____	増やす，増える
(22)	l _____	ごみくず，がらくた
(23)	p _____	小道，歩道
(24)	p _____	プラスチック(製)の
(25)	c _____	缶
(26)	m _____	散らかった
(27)	u _____	取り乱した，腹を立てた
(28)	h _____	ハイキングする人
(29)	w _____	ウェブサイト
(30)	g _____	世代
(31)	pick _____ ...	…を拾い上げる
(32)	give a _____	演説をする

① 月 日 ／32点	② 月 日 ／32点	③ 月 日 ／32点

Lesson 8 USE Write　　📖 pp.134~135

(1)	_____	例，実例
(2)	_____	親切な，やさしい
(3)	_____	自然，自然界
(4)	r _____	減らす，減る
(5)	t _____	ごみ
(6)	r _____	再利用する，再生する
(7)	c _____	衣服

228

(8)	s _____	(飲み物用の)ストロー
(9)	p _____	約束
(10)	e _____	(自然)環境
(11)	a _____	付け加わったもの，付け加えること
(12)	_____ example	たとえば

| ① 月 日 ／12点 | ② 月 日 ／12点 | ③ 月 日 ／12点 |

Take Action! Listen 6　　　📖 p.136

(1)	_____	ほとんど，おおかた，もう少しで
(2)	_____	祝日，休日
(3)	_____	(質や程度が)悪い，いやな
(4)	d _____	(温度・角などの)度

| ① 月 日 ／4点 | ② 月 日 ／4点 | ③ 月 日 ／4点 |

Take Action! Talk 6　　　📖 p.137

(1)	_____	もう一度，また
(2)	_____	(人の)髪の毛，体毛，毛
(3)	p _____	許す

| ① 月 日 ／3点 | ② 月 日 ／3点 | ③ 月 日 ／3点 |

GET Plus 6　　　📖 p.138

| (1) | I'm _____ . | すみません。 |

| ① 月 日 ／1点 | ② 月 日 ／1点 | ③ 月 日 ／1点 |

CHECK IT OUT!

Word Bank
教 p.139

(1)		(ドア・窓などが)あく，あける
(2)		窓
(3)		食べものを与える，えさを与える
(4)		切れて，止まって
(5)		光，明るさ，明かり
(6)		戸，ドア
(7)		答える，返事をする
(8)	l	洗濯物
(9)	l	かぎをかける

① 月 日	／9点	② 月 日	／9点	③ 月 日	／9点

Project 3
教 pp.142~143

(1)		「あげる」の過去形
(2)	†	財宝，富，貴重品，宝物

① 月 日	／2点	② 月 日	／2点	③ 月 日	／2点

READING FOR FUN
教 p.144

(1)		「走る」の過去形
(2)		穴
(3)		地面
(4)		ついていく，追う
(5)		fall(落ちる)の過去形
(6)		…の(すぐ)そばに
(7)		下(の方)へ〔に〕

(8)	s _____	突然，いきなり
(9)	d _____	見えなくなる，消えうせる

① 月 日 ／9点	② 月 日 ／9点	③ 月 日 ／9点

READING FOR FUN

📖 p.145

(1)	_____	「思う」の過去形・過去分詞
(2)	_____	打つ，ぶつける，ぶつかる
(3)	_____	「打つ」の過去形・過去分詞
(4)	_____	底，いちばん下の所
(5)	_____	壁，へい
(6)	_____	小さい，年少の
(7)	_____	意味する，…の意味である
(8)	_____	たずねる，問う
(9)	_____	考える，思う
(10)	m _____	意味
(11)	s _____	形，姿
(12)	_____ long ...?	どのくらい長く

① 月 日 ／12点	② 月 日 ／12点	③ 月 日 ／12点

READING FOR FUN

📖 p.146

(1)	_____	ところで
(2)	_____	注意深い，慎重な
(3)	b _____	ベルト，帯
(4)	t _____	ネクタイ

① 月 日 ／4点	② 月 日 ／4点	③ 月 日 ／4点

CHECK IT OUT!

(1) _____   sit（すわる）の過去形・過去分詞

(2) _____   恐ろしい，ひどい

(3) _____   やめる

(4) c _____   叫ぶ，大声で言う

(5) not ... _____ all   少しも…ない

① 月 日	／5点	② 月 日	／5点	③ 月 日	／5点

■ 動詞の活用表

【規則動詞】

[原形(もとの形)]	[現在形]	[過去形]	[-ing形]
answer(答える)	answer(s)	answered	answering
ask(たずねる，問う)	ask(s)	asked	asking
bake(オーブンで焼く)	bake(s)	baked	baking
belong(…のものである)	belong(s)	belonged	belonging
brush(ブラシでみがく)	brush(es)	brushed	brushing
carry(運ぶ)	carry/carries	carried	carrying
change(変える)	change(s)	changed	changing
clean(そうじする)	clean(s)	cleaned	cleaning
climb(登る)	climb(s)	climbed	climbing
cook(料理する)	cook(s)	cooked	cooking
cross(渡る)	cross(es)	crossed	crossing
cry(叫ぶ，大声で言う)	cry/cries	cried	crying
dance(踊る)	dance(s)	danced	dancing
decide(決定する)	decide(s)	decided	deciding
die(死ぬ)	die(s)	died	dying
disappear(消えうせる)	disappear(s)	disappeared	disappearing
discover(発見する)	discover(s)	discovered	discovering
dress(服を着る)	dress(es)	dressed	dressing
dribble(ドリブルをする)	dribble(s)	dribbled	dribbling
drop(落とす)	drop(s)	dropped	dropping
enjoy(楽しむ)	enjoy(s)	enjoyed	enjoying
excuse(許す)	excuse(s)	excused	excusing
follow(ついていく)	follow(s)	followed	following
guess(推測する)	guess(es)	guessed	guessing
help(手伝う)	help(s)	helped	helping
increase(増やす)	increase(s)	increased	increasing
jog(ジョギングする)	jog(s)	jogged	jogging

[原形(もとの形)]	[現在形]	[過去形]	[-ing形]
join(参加する)	join(s)	joined	joining
jump(とぶ, はねる)	jump(s)	jumped	jumping
kick(ける)	kick(s)	kicked	kicking
like(…が好きである)	like(s)	liked	liking
listen(聞く, 耳を傾ける)	listen(s)	listened	listening
live(住む)	live(s)	lived	living
lock(かぎをかける)	lock(s)	locked	locking
look(見る)	look(s)	looked	looking
love(愛する)	love(s)	loved	loving
miss(機会を逃す)	miss(es)	missed	missing
need(…が必要である)	need(s)	needed	needing
open(あける)	open(s)	opened	opening
paint(絵の具で絵をかく)	paint(s)	painted	painting
pardon(許す)	pardon(s)	pardoned	pardoning
perform(演じる)	perform(s)	performed	performing
pick(摘む)	pick(s)	picked	picking
play(遊ぶ, スポーツをする)	play(s)	played	playing
practice(練習する)	practice(s)	practiced	practicing
pray(祈る)	pray(s)	prayed	praying
rain(雨が降る)	rain(s)	rained	raining
realize(理解する)	realize(s)	realized	realizing
recycle(再利用する)	recycle(s)	recycled	recycling
reduce(減らす)	reduce(s)	reduced	reducing
remember(覚えている)	remember(s)	remembered	remembering
respect(尊敬する)	respect(s)	respected	respecting
save(救う)	save(s)	saved	saving
share(共有する)	share(s)	shared	sharing
skate(スケートをする)	skate(s)	skated	skating

[原形(もとの形)]	[現在形]	[過去形]	[-ing形]
ski(スキーですべる)	ski(s)	skied	skiing
snow(雪が降る)	snow(s)	snowed	snowing
solve(解決する)	solve(s)	solved	solving
sound(…に聞こえる)	sound(s)	sounded	sounding
start(始める)	start(s)	started	starting
stay(滞在する)	stay(s)	stayed	staying
stop(やめる)	stop(s)	stopped	stopping
study(勉強する)	study/studies	studied	studying
suggest(提案する)	suggest(s)	suggested	suggesting
surf(サイトを見て回る)	surf(s)	surfed	surfing
talk(話す)	talk(s)	talked	talking
thank(感謝する)	thank(s)	thanked	thanking
touch(触れる，胸を打つ)	touch(es)	touched	touching
try(試す)	try/tries	tried	trying
turn(回る，曲がる)	turn(s)	turned	turning
use(使う)	use(s)	used	using
visit(訪問する，訪れる)	visit(s)	visited	visiting
wait(待つ)	wait(s)	waited	waiting
walk(歩く)	walk(s)	walked	walking
want(…がほしい)	want(s)	wanted	wanting
wash(洗う)	wash(es)	washed	washing
watch(注意して見る)	watch(es)	watched	watching
water(水をやる)	water(s)	watered	watering
work(働く)	work(s)	worked	working

【不規則動詞】

[原形(もとの形)]	[現在形]	[過去形]	[-ing形]
be(…である，…にいる)	am/is/are	was/were	being
bring(持ってくる)	bring(s)	brought	bringing
buy(買う)	buy(s)	bought	buying
catch(つかまえる)	catch(es)	caught	catching
choose(選ぶ)	choose(s)	chose	choosing
come(来る)	come(s)	came	coming
cut(切る)	cut(s)	cut	cutting
do(する，行動する)	do/does	did	doing
draw(引く，かく)	draw(s)	drew	drawing
drink(飲む)	drink(s)	drank	drinking
drive(運転する)	drive(s)	drove	driving
eat(食べる)	eat(s)	ate	eating
fall(落ちる)	fall(s)	fell	falling
feed(食べものを与える)	feed(s)	fed	feeding
feel(感じる)	feel(s)	felt	feeling
get(手に入れる，…になる)	get(s)	got	getting
give(与える，開く)	give(s)	gave	giving
go(行く)	go(es)	went	going
have(持っている，…がある)	have/has	had	having
hear(聞こえる，聞く)	hear(s)	heard	hearing
hang(ぶら下げる)	hang(s)	hung	hanging
hit(打つ，ぶつける)	hit(s)	hit	hitting
hold(しっかり持つ)	hold(s)	held	holding
know(知っている)	know(s)	knew	knowing
learn(知る，聞く)	learn(s)	learned/learnt	learning
leave(去る，残す)	leave(s)	left	leaving
lose(負ける)	lose(s)	lost	losing

[原形(もとの形)]	[現在形]	[過去形]	[-ing形]
make(作る)	make(s)	made	making
mean(意味する)	mean(s)	meant	meaning
meet(会う)	meet(s)	met	meeting
put(置く)	put(s)	put	putting
read(読む)	read(s)	read [réd]	reading
ride(乗る)	ride(s)	rode	riding
run(走る)	run(s)	ran	running
say(言う，話す)	say(s)	said	saying
see(見る，わかる)	see(s)	saw	seeing
send(送る)	send(s)	sent	sending
shoot(撃つ，射る)	shoot(s)	shot	shooting
sing(歌う)	sing(s)	sang	singing
sit(すわる)	sit(s)	sat	sitting
sleep(眠る)	sleep(s)	slept	sleeping
speak(話す)	speak(s)	spoke	speaking
swim(泳ぐ)	swim(s)	swam	swimming
take(乗る，ある行動をする)	take(s)	took	taking
teach(教える)	teach(es)	taught	teaching
think(考える，思う)	think(s)	thought	thinking
throw(投げる)	throw(s)	threw	throwing
wear(着ている)	wear(s)	wore	wearing
win(勝つ，受賞する)	win(s)	won	winning
write(書く)	write(s)	wrote	writing

CHECK IT OUT! 解答

(1) apple
(2) April
(3) boy
(4) cow
(5) ceremony
(6) dog
(7) egg
(8) flower
(9) good
(10) gym
(11) horse
(12) ink
(13) ice
(14) jet
(15) king
(16) lunch
(17) math
(18) nurse
(19) octopus
(20) old
(21) park
(22) queen
(23) rainbow
(24) square
(25) tiger
(26) umbrella
(27) unicycle
(28) vacation
(29) weather
(30) box
(31) yacht
(32) zebra

(1) month
(2) January
(3) February
(4) March
(5) May
(6) June
(7) July
(8) August
(9) September
(10) October
(11) November
(12) December
(13) calendar
(14) first
(15) second
(16) third
(17) fourth
(18) fifth
(19) sixth
(20) seventh
(21) eighth
(22) ninth
(23) tenth
(24) eleventh
(25) twelfth

(26) thirteenth

(1) day
(2) Sunday
(3) Monday
(4) Tuesday
(5) Wednesday
(6) Thursday
(7) Friday
(8) Saturday
(9) subject
(10) Japanese
(11) English
(12) science
(13) social
(14) study
(15) social studies
(16) music
(17) P.E.
(18) art
(19) technology
(20) and
(21) home
(22) economics
(23) technology and home economics
(24) moral
(25) education
(26) moral education

(27) lesson
(28) piano
(29) cooking
(30) calligraphy
(31) swimming
(32) tennis
(33) dance

(1) a
(2) in
(3) my
(4) get
(5) up
(6) get up
(7) wash
(8) face
(9) brush
(10) teeth
(11) eat
(12) breakfast
(13) read
(14) newspaper
(15) leave
(16) home
(17) leave home
(18) study
(19) clean
(20) the
(21) classroom

CHECK IT OUT! 解答

(22) practice
(23) get
(24) home
(25) <u>get</u> home
(26) do
(27) homework
(28) <u>do</u> one's homework
(29) dinner
(30) watch
(31) TV
(32) take
(33) bath
(34) <u>take</u> a bath
(35) go
(36) to
(37) bed
(38) <u>go</u> to <u>bed</u>

Starter 3
📖 p.13 ／本書 pp.27~28

(1) town
(2) shrine
(3) post
(4) office
(5) post office
(6) convenience
(7) store
(8) convenience store
(9) temple
(10) zoo
(11) amusement

(12) amusement park
(13) police
(14) station
(15) police station
(16) junior
(17) high
(18) school
(19) junior high school

Lesson 1 Part 1 ①
📖 pp.15~17 ／本書 p.52

(1) about
(2) me

Lesson 1 Part 1 ②
📖 pp.18~19 ／本書 pp.52~53

(1) I
(2) am
(3) fine
(4) from
(5) you
(6) are
(7) play
(8) like
(9) have
(10) an
(11) every
(12) happy
(13) sad
(14) make

(15) coffee
(16) drink
(17) dancer
(18) thirsty
(19) swimmer
(20) skier
(21) I'm
(22) you're
(23) every <u>day</u>

Lesson 1 Part 1 ③
pp.20~21／本書 p.53

(1) live
(2) city
(3) now
(4) much
(5) hi
(6) animal
(7) very
(8) at
(9) turtle
(10) Ms.
(11) comic
(12) very <u>much</u>

Lesson 1 Part 2 ②
pp.24~25／本書 p.54

(1) club
(2) yes
(3) no

(4) not
(5) food
(6) kitchen
(7) draw
(8) picture
(9) take
(10) cook
(11) fan
(12) rock
(13) bathroom
(14) don't
(15) <u>take</u> a picture

Lesson 1 Part 2 ③
pp.26~27／本書 pp.54~55

(1) interested
(2) know
(3) any
(4) song
(5) often
(6) sing
(7) football
(8) word
(9) be interested <u>in</u> ...

Lesson 1 Part 3 ②
pp.30~31／本書 p.55

(1) character
(2) action

CHECK IT OUT! 解答

(3) use
(4) tired
(5) hungry
(6) speak
(7) computer
(8) band
(9) excited
(10) pianist
(11) guitarist
(12) drummer
(13) theater
(14) Chinese
(15) aren't

Lesson 1 Part 3 ③
教 pp.32~33／本書 p.56

(1) sometimes
(2) show
(3) come
(4) need
(5) ticket
(6) we
(7) see
(8) it
(9) for
(10) favorite
(11) hip-hop
(12) Mr.
(13) hobby
(14) classical
(15) come <u>and</u> see ...

GET Plus 1
教 p.34／本書 p.56

(1) what
(2) ball

Word Bank
教 p.35／本書 p.57

(1) news
(2) horror
(3) comedy
(4) fantasy
(5) romance
(6) documentary
(7) fiction
(8) program
(9) quiz
(10) folk

Lesson 2 Part 1 ①
教 pp.37~39／本書 p.72

(1) can
(2) she
(3) run
(4) fast
(5) he
(6) climb
(7) tree
(8) well
(9) swim

(10) far
(11) ride
(12) cannot
(13) bake
(14) skate
(15) can't

Lesson 2　Part 1 ②
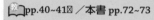pp.40~41⊠／本書 pp.72~73

(1) of
(2) main
(3) cut
(4) quickly
(5) his
(6) teacher
(7) is
(8) enjoy
(9) knife
(10) assistant

Lesson 2　Part 2 ①
pp.42~43／本書 p.73

(1) write
(2) catch
(3) touch
(4) trick
(5) Spanish

Lesson 2　Part 2 ②
pp.44~45／本書 pp.73~74

(1) send
(2) video
(3) sure
(4) here
(5) so
(6) your
(7) thank
(8) cool
(9) ballet
(10) it's

GET Plus 2
p.46／本書 p.74

(1) some
(2) how
(3) many
(4) six

Word Bank
p.47／本書 pp.74~75

(1) number
(2) one
(3) two
(4) three
(5) four
(6) five
(7) seven

CHECK IT OUT! 解答

(8) eight

(9) nine

(10) ten

(11) eleven

(12) twelve

(13) hundred

(14) thousand

(15) kangaroo

(16) hawk

Lesson 3 Part 1 ①
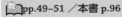pp.49~51 ／本書 p.96

(1) our

(2) new

(3) friend

(4) this

(5) that

(6) dear

(7) easy

(8) learn

(9) yours

(10) hello

(11) name

(12) bag

(13) Hindi

(14) radish

(15) fox

(16) classmate

(17) that's

(18) isn't

Lesson 3 Part 1 ②
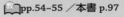pp.52~53 ／本書 p.97

(1) usually

(2) on

(3) hot

(4) fan

(5) taste

Lesson 3 Part 2 ①
pp.54~55 ／本書 p.97

(1) people

(2) their

(3) wish

(4) side

(5) interesting

(6) hospital

(7) restaurant

(8) fire

(9) fire station

(10) souvenir

(11) hotel

(12) what's

(13) I <u>see</u>.

Lesson 3 Part 2 ②
pp.56~57 ／本書 p.98

(1) guess

(2) letter

(3) floor

(4) put
(5) famous
(6) popular
(7) crowded

Lesson 3   Part 3 ①
教 pp.58~59／本書 pp.98~99

(1) who
(2) him
(3) woman
(4) women
(5) her
(6) weekend
(7) father
(8) brother
(9) mother
(10) sister
(11) performer
(12) perform
(13) who's
(14) she's

Lesson 3   Part 3 ②
教 pp.60~61／本書 p.99

(1) or
(2) orange
(3) blue
(4) green
(5) funny
(6) mascot

(7) entertainer
(8) cheerful

Take Action! Listen 1
教 p.62／本書 p.99

(1) dollar
(2) key
(3) free
(4) color
(5) red
(6) black
(7) chain

Take Action! Talk 1
教 p.63／本書 p.100

(1) same
(2) really
(3) too
(4) listen
(5) nice
(6) great

Project 1
教 pp.66~67／本書 p.100

(1) like
(2) real
(3) also
(4) language
(5) be

CHECK IT OUT! 解答

(6) with
(7) dream
(8) robot
(9) be <u>friends</u> with ...

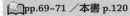

Lesson 4 GET Part 1
pp.69~71／本書 p.120

(1) family
(2) parent
(3) they
(4) drive
(5) there
(6) teach
(7) student
(8) street
(9) does
(10) has
(11) time
(12) cat
(13) hometown
(14) these
(15) Scotland
(16) those
(17) What <u>time</u> ...?
(18) <u>How</u> about you?

Lesson 4 GET Part 2
pp.72~73／本書 pp.120~121

(1) them
(2) college

(3) page
(4) shoe
(5) early
(6) look
(7) want
(8) walk
(9) bagpipes
(10) traditional
(11) instrument
(12) belong
(13) pet
(14) cricket
(15) doesn't
(16) <u>at</u> school
(17) belong <u>to</u> ...
(18) look <u>at</u> ...

Lesson 4 USE Read
pp.74~75／本書 pp.121~122

(1) place
(2) hold
(3) hour
(4) hear
(5) tall
(6) clock
(7) small
(8) big
(9) short
(10) wear
(11) another
(12) other

(13) as
(14) summer
(15) tower
(16) bell
(17) melody
(18) magic
(19) statue
(20) <u>some</u> ..., other(s) ～

Lesson 4 USE Write
📖p.76 ／本書 p.122

(1) age
(2) level
(3) low
(4) birthday
(5) book

Lesson 4 USE Speak
📖p.77 ／本書 p.123

(1) evening
(2) morning
(3) homeroom
(4) neighbor

Take Action! Listen 2
📖p.78 ／本書 p.123

(1) talk
(2) mobile
(3) phone

(4) during
(5) reminder
(6) mobile phone
(7) performance
(8) seat

Take Action! Talk 2
📖p.79 ／本書 pp.123~124

(1) plan
(2) today
(3) start
(4) o'clock
(5) later
(6) oh
(7) Oh, <u>no</u>!

GET Plus 3
📖p.80 ／本書 p.124

(1) which
(2) shaved ice

Word Bank
📖p.81 ／本書 p.124

(1) strong
(2) soft
(3) hard
(4) mild
(5) rare
(6) weak

CHECK IT OUT! 解答

(7) juicy
(8) crisp
(9) sticky
(10) creamy

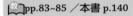
(1) life
(2) choose
(3) own
(4) class
(5) different
(6) carry
(7) case
(8) girl
(9) sleep
(10) schedule
(11) flute

(1) bring
(2) buy
(3) radio
(4) cafeteria
(5) Mexico
(6) poster
(7) he's
(8) listen <u>to</u> ...

(1) thing
(2) after
(3) work
(4) child
(5) children
(6) lovely
(7) next
(8) throw
(9) team
(10) e-mail
(11) fall
(12) spring
(13) field
(14) track and field
(15) please
(16) volunteer
(17) sprint
(18) <u>after</u> school

(1) everyone

(1) power
(2) problem

(3) together
(4) help
(5) special
(6) twin
(7) wizard
(8) solve

Take Action! Talk 3
p.93／本書 p.142

(1) may
(2) then
(3) suggest
(4) but
(5) white
(6) design
(7) perfect
(8) May I help you?
(9) Yes, please.
(10) look for ...

GET Plus 4
p.94／本書 p.143

(1) mine
(2) whose

Word Bank
p.95／本書 p.143

(1) ours
(2) bottle

(3) water
(4) theirs
(5) hers
(6) textbook
(7) workbook
(8) dictionary

Lesson 6   GET Part 1
pp.97~99／本書 pp.166~167

(1) join
(2) event
(3) had
(4) experience
(5) lot
(6) last
(7) year
(8) went
(9) saw
(10) beautiful
(11) ate
(12) delicious
(13) view
(14) drop
(15) bought
(16) visit
(17) cross
(18) night
(19) discover
(20) hot spring
(21) picnic
(22) cleaner

CHECK IT OUT! 解答

(23) history
(24) wallet
(25) <u>a</u> lot

(1) did
(2) pretty
(3) took
(4) win
(5) yesterday
(6) ago
(7) week
(8) game
(9) out
(10) bus
(11) sightseeing
(12) blog
(13) scarf
(14) penguin
(15) hang
(16) match
(17) didn't

(1) said
(2) say
(3) die
(4) remember

(5) heart
(6) all
(7) wait
(8) made
(9) shop
(10) war
(11) pray
(12) peace
(13) step
(14) thick
(15) <u>touch</u> one's heart
(16) <u>take</u> a trip to ...
(17) <u>for</u> the first time

(1) swam
(2) taught
(3) house
(4) try
(5) best
(6) cousin
(7) uncle

(1) paper
(2) already
(3) card
(4) cup

(5) plate
(6) charge

(1) excuse
(2) straight
(3) turn
(4) left
(5) corner
(6) right
(7) where
(8) where's
(9) Excuse me.

(1) its
(2) kind
(3) inside
(4) garden
(5) local
(6) tea
(7) fish
(8) charm
(9) bakery
(10) calm
(11) blossom

(1) court
(2) everybody
(3) were
(4) was
(5) fun
(6) drew
(7) got
(8) lost
(9) lose
(10) difficult
(11) winter
(12) exciting
(13) driver
(14) officer
(15) police officer
(16) shot
(17) shoot
(18) amazing
(19) teammate
(20) boring

(1) miss
(2) call
(3) center
(4) sound
(5) sorry

CHECK IT OUT! 解答

(6) change
(7) into
(8) sit
(9) pajamas
(10) surf
(11) DVD
(12) bench
(13) jog
(14) What's <u>up</u>?
(15) <u>work</u> out ...
(16) sound <u>like</u> ...

Lesson 7 USE Read
pp.118~119 ／本書 pp.194~195

(1) still
(2) could
(3) anymore
(4) against
(5) full
(6) always
(7) love
(8) mind
(9) realize
(10) national
(11) top
(12) message
(13) long
(14) meet
(15) world
(16) foot
(17) feet

(18) condition
(19) Australian
(20) skillful
(21) energy
(22) above
(23) positive
(24) attitude
(25) above <u>all</u>

Lesson 7 USE Speak
pp.120~121 ／本書 p.195

(1) person
(2) won
(3) respect
(4) century
(5) prize
(6) passion

Take Action! Listen 5
p.122 ／本書 p.195

(1) question
(2) of <u>course</u>
(3) hockey
(4) listener
(5) depressed

Take Action! Talk 5
p.123 ／本書 p.196

(1) wow

252

(2) cartoonist
(3) series

GET Plus 5
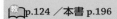
教 p.124／本書 p.196

(1) puppy

Word Bank
教 p.125／本書 p.196

(1) busy
(2) surprised
(3) bored
(4) nervous

Lesson 8　GET Part 1
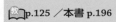
教 pp.127~129／本書 p.226

(1) baby
(2) will
(3) tomorrow
(4) let's
(5) stand
(6) cold
(7) sunny
(8) cloudy
(9) rainy
(10) chopstick
(11) warm
(12) it'll
(13) won't

Lesson 8　GET Part 2
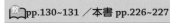
教 pp.130~131／本書 pp.226~227

(1) final
(2) maybe
(3) when
(4) stay
(5) exam
(6) snow
(7) rain
(8) yeah
(9) speech
(10) project
(11) I'll
(12) make a speech
(13) the day after tomorrow

Lesson 8　USE Read
教 pp.132~133／本書 pp.227~228

(1) late
(2) left
(3) behind
(4) felt
(5) feel
(6) situation
(7) decide
(8) group
(9) pick
(10) give
(11) share
(12) information

(13) similar
(14) around
(15) us
(16) save
(17) future
(18) paint
(19) symbol
(20) climber
(21) increase
(22) litter
(23) path
(24) plastic
(25) can
(26) messy
(27) upset
(28) hiker
(29) website
(30) generation
(31) pick up ...
(32) give a speech

Lesson 8 USE Write

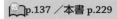

教 pp.134~135 ／本書 pp.228~229

(1) example
(2) kind
(3) nature
(4) reduce
(5) trash
(6) recycle
(7) clothes
(8) straw
(9) promise
(10) environment
(11) addition
(12) for example

Take Action! Listen 6

教 p.136 ／本書 p.229

(1) almost
(2) holiday
(3) bad
(4) degree

Take Action! Talk 6

教 p.137 ／本書 p.229

(1) again
(2) hair
(3) pardon

GET Plus 6

教 p.138 ／本書 p.229

(1) I'm sorry.

Word Bank

教 p.139 ／本書 p.230

(1) open
(2) window
(3) feed
(4) off

(5) light
(6) door
(7) answer
(8) laundry
(9) lock

Project 3
📖 教pp.142~143 ／本書 p.230

(1) gave
(2) treasure

READING FOR FUN
📖 教p.144 ／本書 pp.230~231

(1) ran
(2) hole
(3) ground
(4) follow
(5) fell
(6) by
(7) down
(8) suddenly
(9) disappear

READING FOR FUN
📖 教p.145 ／本書 p.231

(1) thought
(2) hit
(3) hit
(4) bottom

(5) wall
(6) little
(7) mean
(8) ask
(9) think
(10) meaning
(11) shape
(12) How long ...?

READING FOR FUN
📖 教p.146 ／本書 p.231

(1) anyway
(2) careful
(3) belt
(4) tie

READING FOR FUN
📖 教p.147 ／本書 p.232

(1) sat
(2) terrible
(3) stop
(4) cry
(5) not ... at all

索引 INDEX

a/b/c

索引 INDEX

単語・語句	品詞	掲載ページ
different	形	126
difficult	形	177
dinner	名	15
Dinu	名	76
disappear	動	218
discover	動	144
dish	名	216
do	動	15
	助	38, 40, 44, 224
do one's homework		15
documentary	形	50
does	動助	104
doesn't		106
dog	名	6
dollar	名	90
don't		40
door	名	217
down	副	220
Dragon Ball	名	42
drama	名	51
draw	動	41, 174
dream	名	94
dress	名	76
	動	112
drew	動	174
dribble	動	66
drink	動	35
	名	198
drive	動	102
driver	名	175
drop	動	147
drum	名	62
drummer	名	46
during	前	115, 174
DVD	《略》	179
early	副	109
easy	形	78

単語・語句	品詞	掲載ページ
eat	動	14
economics	名	12
Edinburgh	名	110
education	名	12
egg	名	6
eight	名形	68
eighteen	名形	69
eighth	名形	10
eighty	名形	69
elephant	名	70
eleven	名形	68
eleventh	名形	11
e-mail	名	134
energy	名	182
English	名	11
	形	32
enjoy	動	62
entertainer	名	90
environment	名	210
evening	名	114
event	名	144
every	形	32, 102
every day		32
everybody	代	172
everyone	代	134
exam	名	203
example	名	210
excited	形	45
exciting	形	174
excuse	動	158
Excuse me.		158
experience	名	144
face	名	13
fall	名	132, 224
	動	220
family	名	102
famous	形	84

索引 INDEX

索引 INDEX

索引 INDEX

単語・語句	品詞	掲載ページ
paint	動	202
pajamas	名	178
panda	名	69
paper	形	158
	名	210
pardon	動	214
Pardon me?		214
parent	名	102
park	名	7
passion	名	188
path	名	204
peace	名	152
pencil	名	138
penguin	名	150
people	名	82
perfect	形	136
perform	動	86
performance	名	115
performer	名	86
person	名	186
pet	名	106
Peter	名	104
Peter Rabbit	名	113
phone	名	114
pianist	名	46
piano	名	13
pick	動	206
pick up ...		206
picnic	名	147
picture	名	41
pink	名形	88
pizza	名	47
place	名	108
plan	名	116
plastic	形	204
plate	名	158
play	動	32, 36, 178
player	名	34

単語・語句	品詞	掲載ページ
please	副	134
police	名	17
police officer	名	175
police station	名	17
pop	名形	49
popular	形	84, 130
positive	形	184
post	名	16
post office	名	16
postbox	名	84
poster	名	130
power	名	134
practice	動	14
	名	104
pray	動	152
present	名	216
pretty	形	148
prize	名	186
problem	名	135
program	名	51
project	名	200
promise	名	210
pudding	名	58
puppy	名	190
put	動	84
queen	名	7
question	名	188
quickly	副	62
quiz	名	51
rabbit	名	70
radio	名	131
radish	名	78
rain	動	202
rainbow	名	7
rainy	形	200
ran	動	218
rare	形	118
Ratna	名	76

索引 INDEX

索引 INDEX

単語・語句	品詞	掲載ページ
took	動	150
top	形	184
touch	動	64, 152
touch one's heart		152
tower	名	108
town	名	16
track	名	134
track and field	名	134
traditional	形	106
trash	名	210
treasure	名	216
tree	名	58
trick	名	64
trip	名	148
trumpeter	名	46
try	動	156
T-shirt	名	136
Tuesday	名	10
turn	動	160, 216
turn off ...		217
turn on ...		217
turtle	名	36
TV	名	15
twelfth	名形	11
twelve	名形	68
twenty	名形	69
twin	形	134
two	名形	67
U.K.	《略》	40
U.S.A.	《略》	40
uh-huh	間	116
um	間	158
umbrella	名	7
uncle	名	156
unicycle	名	7
up	副	13, 112, 176, 206
upset	形	206

単語・語句	品詞	掲載ページ
US	《略》	180
us	代	208
use	動	47
usually	副	80
vacation	名	8
vegetable	名	62
very	副	36, 46
very much		36
video	名	64
view	名	146
violin	名	40
visit	動	146, 150
volleyball	名	37
volunteer	名	132
wait	動	154
walk	動	109, 164
wall	名	220
wallet	名	147
want	動	108
war	名	152
warm	形	201
was	動	172
	助	176
wash	動	13
watch	動	15
	名	148
water	名	139
	動	216
we	代	46
weak	形	118
wear	動	110
weather	名	8
website	名	208
Wednesday	名	10
week	名	151
weekend	名	88
well	副	58
	間	178

メモ MEMO

【デザイン】有限会社アルデザイン　佐藤 誠
【レイアウト】株式会社双文社印刷
【編集協力】株式会社ターンストーンリサーチ

15 ｜ 三省堂 ｜ 英語 703 ｜ NEW CROWN English Series 1

三省堂 ニュークラウン 完全準拠　英単語集

———————————— 1 ————————————

編　　者	三 省 堂 編 修 所
発 行 者	株式会社　三 省 堂
	代表者　瀧 本 多 加 志
印 刷 者	三 省 堂 印 刷 株 式 会 社
発 行 所	株式会社　三 省 堂

〒102-8371　東京都千代田区麹町五丁目 7 番地 2
電話　(03)3230-9411
https://www.sanseido.co.jp/
© Sanseido Co., Ltd. 2021
Printed in Japan

〈03 中英単語集 1〉④

落丁本・乱丁本はお取り替えいたします。
ISBN978-4-385-58957-2
本書を複製して使用することは著作権法で禁じられています。